BMT Beauty Muscle Treatment

最上のゆるふわ筋肉

Chiaki Kojima
小島千明

みらい PUBLISHING

はじめに

綺麗で健康であること
この思いは誰にでも共通している願いだと思います。

綺麗になるための方法はさまざまです。

エステやトレーニングジムに通ったり、ヨガをやってみたり、
はたまた、食改善をしたり、サプリを飲んでみたり……
しかし、そのひとつひとつの方法には限界があります。
すべての人が一様に効果を上げることはできません。

そして、綺麗になりたい！　という思いの強い女性こそ、これまでに色々

な方法を試されてきたと思います。

それなのに……望む結果が出ないのはなぜなの？


あの子はジムで綺麗に痩せたのに、私は1gも変わらない！

あの子は食改善でみるみる綺麗になったのに、私は全然変わらない！

あの子はエステでどんどん綺麗になっていくのに、私は全然変わらない！

同じ方法を試しているのに、なんで私には効果がないの？


そう疑問に思ったことはありませんか？

私もある時、ふとそう感じるようになりました。

私はこれまで、3万人のお客さまと接してきました。10年間のサロン勤務を卒業し、独立してからはお一人おひとりのお肌や身体と向き合い、じっくり施術が出来る環境になり、大好きなエステの仕事に集中出来る喜びを噛み締めていたとき、私の年齢は30代半ばに差しかかり、またお客様も

30代に突入されるころでした。

なんだか以前のように結果が出ないな……と感じるようになったのです。

年齢と共にお客様の悩みも変化し、これまでのエステの技術では解決できないという問題に直面しました。

20代の頃からお身体に触れさせていただいていたお客様の身体がガチガチに固まっている……。あれ？　昔こんなだったかな……。

お客様の身体の変化に驚きました。そして、自分自身の身体の変化にも……。

『今のままじゃダメだ！』

お客様のご希望に沿えないこと……これが私にとって最大の悩みでした。

そこから私の研究が始まったのです。

エステは本来、皮膚を整えるものなので、技術的にも皮膚とリンパにアプローチするものが多かったのですが、ガチガチなお身体の状態をケアするのはとても難しく、時間がかかるな……と思っていました。

まずはお客様の身体が柔らかく、コリのない状態でなければ、エステの技術を活かすことは出来ないと思いました。

そこで注目したのが『身体の歪み』だったのです。私の最大の悩みを解消できるのは絶対に骨だ！　骨からアプローチしなければいけないと思ったのです。

そして、『日本美容整骨学院』と出会い技術を習得させていただくことになりました。

この出会いが、私のエステティシャン人生を変えてくれたと言っても過言ではありません。本当に感謝しています。

技術・理論・知識、たくさんの学びをいただき、この時を境に身体の構造を深く深く学んでいくことになりました。

その後も、サロンに通ってくださっているお客様の笑顔が見たい！　その思いだけで、東京・大阪と色々な地域へ飛び、技術と知識を学び続けました。

そして、あるひとつの答えにたどりついたのです。
骨を支えているのは筋肉――
骨を引っ張り身体の歪みを作っているのも筋肉――
リンパを流すのも筋肉のポンプ――

あ！『筋肉だ！』

筋肉が筋本来の機能を取り戻したら、身体のガチガチもとれる、歪みも戻る。そしてエステ本来の施術効果も上がる。

土台だ！　土台を整えなければ『美』も『健康』も手に入るはずない。

土台を整えられたら、もっとみんなの笑顔が見られる。そう確信したのです。そして、この事実を一人でも多くの女性へ伝えたい！　そう思い、ペンをとりました。

第1章

「骨格」との出会い
～お客様のトラブルと格闘した日々～

第2章

綺麗な人は、筋肉に秘密がある！

~美のカギを握る血液の流れとリンパの流れ~

第3章

女性の悩みと筋肉の関係

～エステティシャンの私がこれほどまでに筋肉に拘《こだわ》る理由～

第4章

それ、順番が大事です！

～運動やヨガ、サプリで結果が出ない人には理由がある～

第5章

ゆるふわ筋肉を保つために必要なこと

～よい筋肉をつくるためのタブーとは～

第6章

「心」も「綺麗」に導く筋肉
～ストレスで筋肉は固まり筋肉がゆるめば心も変わる～

第7章 BMTで自立した人生を送る女性たち
～他にない付加価値が女性の自立と周囲の人の幸せのお手伝いに～

第1章

「骨格」との出会い

～お客様のトラブルと格闘した日々～

出産を経て、あごに歪みが出てきたのはなぜなのか？

〜お客様のボディの悩みにこたえたい！〜

ケース1

産後の骨盤の歪みからあごまで歪んでしまったお客様

彼女との出会いは、約16年前、以前、私が勤めていたエステサロンのフェイシャルエステに通ってくれたことがきっかけでした。
当時、彼女は21歳！　肌はピチピチ、目がくりくりしていて小柄でとっても可愛い女の子でした。とても美意識が高く、10年後も綺麗でいられるようにと、毎月2回、車で1時間かけてサロンに通ってくれました。

サロンへ通い始めて2年が過ぎた頃、彼女は綺麗のお手伝いをするエステティシャンになりたいとスタッフになりました。一緒に働き始めて数年後、今の旦那さまと出会い、結婚が決まると同時に退職することになりました。

その後、2人の子宝に恵まれママになりました。

それからは、なかなか会える機会もなくなり、数年お互いに連絡を取ることもなくなっていたのですが、私の独立をきっかけに、また再会することになったのです。


結婚、出産を経てママになった彼女と再会した時、やはり、お肌が綺麗！ 20代からケアをしていた効果だなと、とても嬉しかったのを覚えています。10年後も綺麗でいたいと願い通っていた、あの頃の夢が叶っていたことに感動でした！ あの時、ケアを頑張って良かったねと一緒に喜びました。

私自身も、これまでずっと、お客様の未来のお肌を守るために必死に頑張ってきたので、本当に嬉しい再会となりました。

そして、また独立後にオープンした私のサロンへ通って頂けることになりました。

施術を再開して気付いたのは、以前抱えていた悩みとは、全く違っていたことでした。

この頃、彼女がいちばん気にしていたのは、以前にはなかった「顔の歪み」でした。写真で見るとさらに気になる、あごがどんどんずれて歪みが酷くなっている気がすると、とても気にされていました。顔のむくみも年々酷くなっている気がするとも言っていました。

そんな時、彼女は介護のお仕事に復帰され、更に身体を酷使……子育てと仕事で身体はガチガチ、その頃には冷えも酷く、肩もカチカチ、むくみで身体はパンパンに張り、頭痛などの不調を抱えるようになりました。

悩みに合わせてフェイシャルケアにプラスしてボディケアをスタートしたのですが、身体に触れるだけで痛みを訴え、触る事も出来ないほど大変な状態になっていました。
今の私の技術では救うことが出来ない……そう感じました。
それからは、彼女や彼女と同じようなお客様をどうしたら救えるのか？
それだけを考える日々が続きました。

エステの枠を超えて「骨」にたどりつく

とにかく良さそうだなと思った施術を受けに行き、今、目の前のお客様を救える技術は何だろう？　それだけを考えて数ヶ月……東京、大阪など県外へ何度も飛びました。

そして、あるひとつの答えにたどり着きました。

それが骨からのアプローチでした！

これまで十数年、エステの技術だけを磨き続けてきた私にとって、これはかなりの衝撃！　期待感いっぱいでワクワクがとまりませんでした。

この技術でお客様を救える！　そう思った私にはもう1ミリの迷いもありませんでした。サロンの休日を使い、毎週大阪へ通い技術を習得しました。

エステの枠を超えて骨からのアプローチ！

早速、彼女の悩み解消のために施術をさせていただきました。

骨格を学んだことで、彼女の体のことがもっと良く分かるようになりました。骨盤の歪みも確認でき、歪みが気になり始めた時期や症状と照らし合わせても、やはり出産がキーポイントだったのだと確信しました。

施術では骨盤の歪みはもちろんのこと、足裏からしっかり骨を整えていきました。なぜなら足の骨は足首までで26個の骨でできていて（正確には種子骨も入れて28個）その26個のパーツが崩れると全身の歪みに繋がってしまうからです。足裏から全身の骨格の歪みを整え、硬くなった関節をゆ

るめながら、最後にあごを整えていくと、見違えるほどスッキリ小顔に！　あのむくみは何だったの？　と思えるほど変化したのです。

やはり小顔を目指すには全身を整えることが必須なのです。お顔だけを整えても、歪んだ身体の上に乗っている顔は、身体の歪みにどんどんひっぱられ歪んでしまうのです。

小顔を目指す方は、ぜひ全身の歪みから整えることをお勧めします。

あごの歪みが解消されたことで、むくみもスッキリ！　念願の小顔を手に入れ、長年の悩みを解消でき、彼女の嬉しそうな笑顔を見られたとき、本当に良かったと大変嬉しい気持ちになりました。

産後の骨盤の歪みからあごまで歪んでしまったお客様

ケース2

今回のお客様はケース1でご紹介させていただいたお客様の変化を見てご連絡を下さったお客様のTさんです。

Tさんも、年々あごが歪んでいることを気にされていました。

この頃Tさんは、親不知《しらず》が生えてきて、あごの痛みも出始めていたため、このあごの歪みは、歯の噛み合わせのせいかもしれないと思い、一度、歯医者さんへ行ってきたということをお話ししてくれました。

骨を削らないと治らない!?

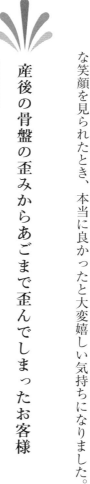

歯医者さんではまず、

「マウスピースをしましょう」と薦められたそうです。Tさんからすると、歯を押している親不知は関係ないのかな？　と疑問が残り、先生にお話しされたそうですが、その後、先生との意思疎通が上手くとれなかったのか、「あなたのあごの歪みに関しては、骨を削らないと無理だ」と言われてしまった……と聞いて、悲しい気持ちになりました。

以前、私もTさんのように、先生と話が噛み合わず、酷い対応を受けた経験があったので、Tさんの気持ちがすごく良くわかりました。

全身とあごの骨を調整

Tさんのあごは、実際、本当に骨を削らなければいけなかったのか？

先生の真意は、私には分かりませんでしたが、Tさんは、あごの歪みは気になるけど、骨を削るまで大掛かりな手術は考えられないとのことでした。

その意思を確認させていただいた上でTさんも産後であったこと、そして、出産後から股関節に違和感があると言われていたので、全身とあごの調整をさせていただくことになりました。

施術を開始して数ヶ月後には

私「あれ？　あごの歪み気にならないですよね？」

Tさん「本当だ！」

最初にあごの歪みが気になって来店されたことを、すっかり忘れてしまうくらい改善されました（笑）。

あの時、骨を削らなくて本当に良かったですね。Tさんのケース以外でも、噛み合わせを調整するために歯を削られている方が見えますが、**私は、歯を削ってしまう前に、あごの歪みを整えて欲しいと伝えています。**歯や骨は削ってしまったら戻らないからです。歯を削り、噛み合わせを調整し続けた結果、あごが歪んでしまったという話も聞きます。

噛み合わせがずれた原因は何なのか？　それを知ることが出来れば、何をしたら良いかが見えてくるはずです。

大量の薬から卒業できなかったのはなぜなのか？

～薬のいらない身体にしたい！～

アトピー、喘息、花粉症
あらゆるアレルギーを抱え薬づけだったお客様

お客様Iさんとの出会いは、20年前、アトピー性皮膚炎による酷い肌荒れで悩まれていた時でした。Iさんは20代前半、本来ならメイクをしてお洒落を楽しみたい年代！　それなのに、当時はメイクどころかスキンケアも出来ないほど肌が荒れていました。

私のお肌はどうなるの!?

私と出会ったときには、すでに何件もの皮膚科に通い、なかなか良くならない状況に、薬にも病院にも不信感いっぱいの状態でした。やっとしっかり検査をしてくれる医院に出会っても、ステロイド剤は一時的に状態が緩和するだけで、根本的なお肌の改善にはまったく繋がりませんでした。人に会うのも苦痛だったそうです。

それなのに……エステ。Iさんは、もう藁にもすがる思いだったのだと思います。

そんな気持ちが痛いほど伝わってきたからこそ、私の今までの知識・経験すべてをかけて力になりたいと思いました。

Iさんには、まず今のお肌の状態をしっかり把握していただき、綺麗になるために必要な知識をお伝えしました。時には物の見方や考え方、内面から綺麗になる方法もじっくりお話しました。私自身がエステと出会い、綺麗になるためには、心の状態がとても大切だとかつて教えていただいたことを、Iさんにもたっぷり伝授させていただきました。

これは、私がエステティシャンとして、お肌を綺麗にするサポートをさせていただく上で、とても大切にしている部分でもあるので、また別の章で詳しく、お伝えしたいと思います。

その後、Iさんは、心もどんどん元気になり、お肌はみるみる回復し、スキンケアはもちろん、メイクもできるようになりました。本当に良かったです！ Iさんとは、その後もスキンケアを通して、お客様以上の素敵な関係が続いています。そのときのことを、電子書籍に素敵にまとめてくれています。

http://a.co/5pHp0vS
BMTのお手入れを受けたくなる秘密 Kindle版
嶋田いずみ　著

身体の辛さからまた薬に頼るように

そんなIさんも結婚・出産を経てママになり、いつしかお肌よりも身体の悩みが気になるようになっていました。お肌は綺麗になったものの……以前に増して肩こり、腰痛が酷くなり、花粉の時期や風邪を引けば喘息が出てしまいステロイドが手放せない……年々増える薬やガチガチになった首や肩をみて、このままではいつか大きな病気をしてしまうのではないか……と心配になるほどでした。

その頃からIさんの次の目標は、薬を卒業できる『健康な身体を手に入れること』になりました。

こうしてIさんとの2度目の挑戦が始まりました。

エステの技術を駆使した、サロンオリジナルのボディケアを受けていただき、少しずつガチガチだった肩、首が柔らかくなり、いつも施術の後は、楽になったと言ってくれるのですが、2週間も経てば元通り……いつまで繰り返したらいいのだろう？　先が見えずにいたころ、骨からのアプローチを導入したことで一気に施術の幅が広がりました。

長年の肩こり、腰痛の原因も見えてきて、これまでとは全く違った方法でアプローチすることができました。すると、ガチガチだった首、肩がどんどん柔らかくなっていくのを感じることができました。Ｉさんも

「楽になった！　本当は肩ってこんなに柔らかかったんだね」

と言われるほど柔らかくなりました。しかし、私からみると、Ｉさんの肩はまだまだ柔らかくなるし、もっともっと楽になれるはず！　と感じていました。

まだまだ結果は出せるはず！　そこから更に研究が始まりました。この頃から、骨格を整えることで歪みが取れる……その骨を支えているのは筋肉だな……こり固まっているのも筋肉だし、このこり固まっている筋肉が骨を引っ張っているのでは？　それなら、筋肉にもっとフォーカスしたら、きっともっと結果が出せる！

そう確信してからは、身体全体の大きな筋肉をゆるめる技術、一般的に「芯」と言われる筋肉の硬結をゆるめる技術、エネルギーを調整し自立神経を整え筋肉をゆるめる技術、重力から解放し一気に血流をあげて筋肉をゆるめる技術、脳波コントロール、α波を引き出し筋肉をゆるめる技術、深層の筋膜をゆるめる技術etc……筋肉にアプローチをしている技術をとことん勉強しに行きました。

筋肉へのアプローチがすべての鍵を握っている！

新しい技術を習得しては導入し、サロンメニューに加えていきました。こうして進化を繰り返しているうちに、Iさんの身体に嬉しい変化が現れてきたのです！

いつになったら柔らかくなるのだろうと思っていた首、肩がどんどん柔らかくなり、腕ってこんなに動くの？とびっくりされるくらい可動域が広がり、気付けば毎年かかっていたインフルエンザにかかっていないことにびっくりされ、その年の春には花粉症の症状まで楽になっていました。花粉の時期には必ず喘息が出てしまうので薬を手放すことが出来なかったIさんですが、この春、症状が出なかったことで、**見事！ 大量の薬から何十年ぶりに卒業することができたのです！**

大量の薬を飲み続けていることが、とっても気になっていたので、この時は、本当に嬉しかったのを覚えています。

こうして、私のサロン Healspot HATI はエステ（皮膚・リンパ）のアプローチから骨、そして筋肉へのアプローチへと進化していったのです。

そして筋肉へのアプローチに特化したオリジナル技術として、Beauty Muscle Treatment の頭文字をとってBMT《ビーエムティ》が誕生しました。

お客様のお悩み、願望に応えたいと突き進んできた結果、誕生したBMT！ 私を信じて通っていただけたお客様のおかげです。心から感謝の気持ちでいっぱいです。この場を借りて御礼を申し上げます。

鎮痛剤が手放せなかったのはなぜなのか？

～日常生活に支障をきたすような痛みを取り去る～

長年の肩こりから来る緊張型頭痛から解放されたお客様

Tさんが、サロンへ来られたきっかけは、顔中に出来たニキビを何とかしたい！　ということでした。真っ赤に炎症したニキビがとにかく痛くて、夜、毛布が当たるだけでも痛いと言われるほど炎症がひどく、1週間に1度、半年ほど通ったエステでも改善が見られなかったと、大変悩んでいました。

そんなTさんに私が最初にお伝えしたには、スキンケアの仕方でした。

これも美意識の高い女性ほどハマってしまう罠ですが、とにかく綺麗になりたいという一心で、あれもこれもとケア用品をプラスしてしまうのです。

Tさんもそのひとりでした。炎症を起こしている今のお肌には逆効果なのです。とにかくスキンケアをシンプルにしていただくようアドバイスさせていただきました。

そして、サロンケアではとにかく毒素排出をメインにさせていただきました。

トラブル肌を改善したいなら、スキンケアはシンプルに！

そうすると、3ヶ月ほどでみるみるお肌は回復し、見違えるほど綺麗になったのです。長年の肌荒れを克服されたTさんは更に綺麗になるために、その後も定期的にサロンへ通ってくれました。お肌は以前のように荒れることもなくなり、ニキビに悩むこともなくなっていたのですが、なかなか改善しない肩こりと定期的に起こる頭痛が気になっていました。

頭痛が起きると、仕事に支障が出てしまうため、月に何度か鎮痛剤を飲まなければいけない状態でした。できれば、薬は飲みたくないと考えていたTさんは頭痛が起きると、よくサロンへ駆け込んでくれました。

首から肩、肩甲骨、背中のマッサージをすると肩こりが楽になり、頭痛も和らぐため、なんとか鎮痛剤を飲まなくても大丈夫な状態を保つことが出来ていたのです。

ただ……サロンケアで楽になるものの、すぐにぶり返してしまう肩こりと頭痛。これ以上結果を出すことはできないのだろうか……そんなことを考えるようになりました。

もっとお客様の結果を出したい!

Tさんの肩こりは本当に肩だけの問題なのだろうか? そう疑問を抱き、一度全身を見させていただきました。全身をチェックしていくと、今まで見えなかった問題がたくさん見えてきました。

まず気になったのは、パカンと開いたO脚！　そしてガチガチに固まった股関節、カチコチに固まった腰……。

あ～！　これは、肩だけの問題ではなかったのだ。

エステの枠を超えて骨・筋肉にたどり着いたからこそ見えた世界でした。よし！　Tさんに鎮痛剤の要らない健康な身体を手に入れていただくために頑張ろう！　そう決意したことを今でも鮮明に覚えています。

そこからは、整骨とBMTを使いながら全身のケアをさせていただきました。腰がゆるむと今までにないくらい肩が柔らかくなったり、股関節をゆるめることで生理痛が和らいだり、面白いほど身体に変化が見られるようになりました。Tさん自身にも肩って本当はこんなに柔らかかったのだと知っていただくことができたのです。

こうして、**全身からアプローチしたことで、身体の土台が整い、見事にTさんは、定期的に飲んでいた鎮痛剤を卒業することができたのです。**

エステの効果を最大限に引き出せたのはなぜなのか？

～もっとお客様の夢を叶えたい！～

モデルのような美脚を手に入れたお客様

今回のケースのお客様Cさんは、20歳からサロンに通っていただいたお客様です。通い始めたきっかけは、肌荒れでした。敏感肌で不安定だったお肌も落ち着き、綺麗なお肌を手に入れたCさんが次に叶えたかったのは、『美脚と美尻』でした。

Cさんはとても頑張り屋さんで、美意識も高く、食事なども普段からとても気にされていたので、スタイルも良かったのですが、もっと綺麗になりたいという思いを持っていました。

すらっとしたモデルさんのような脚と小尻になりたい！　それがCさんの夢でした。

そんなCさんは、食事制限してもなかなか細くならない脚……運動しても細くなるどころか気になる太ももの前側の張り・横張りが、更に強調されてきていることに悩まれていました。骨格、そして筋肉からのアプローチが出来るようになった私は、Cさんになぜ、運動や食事で結果が出せなかったのか、その答えは『骨格の歪み』にあることをお伝えしました。

結果を出すには順番が大事！

きっと皆さんにも、そんな経験があると思います。

こんなに頑張っているのになぜなの？

そうなのです。せっかくの努力を結果に繋げるには、何から始めるのか？が問題。順番が鍵を握っています。

これまでCさんの脚がなかなか細くならなかったのは、脚に歪みがあるまま運動をしていたからなのです。脚の使い方に癖があり、そのせいで張り出してしまった前モモ、そしてその癖や歪みを整えずに運動してしまった結果、気になる前モモが更に張ってしまったのです。

決して、運動が悪かった訳ではありません。順番が大切なのです。

そして自分を知ること！

私は、綺麗になるための方法、運動、食事、エステ、化粧品など、そのメソッドそのものに答えはないと思っています。いちばん大切なのは、まず、自分自身を知ること！　身体もお肌も今の状態を知ることが大切なのです。そこから今の自分に必要なものは何なのか？　それを知ることが綺

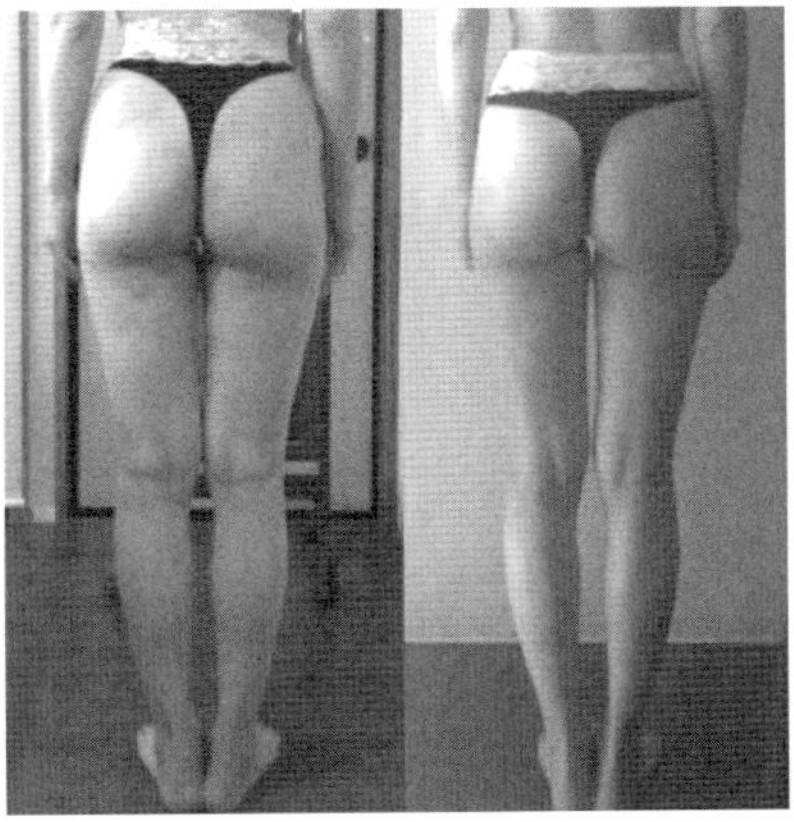

Before → After

麗になるための近道だと思います。

闇雲に流行の手法に手を出したりするのではなく、まずは自分の状態を知ることから始めてみましょう。

Cさんも、根本原因だった骨格の歪みを整えたことで、エステの効果を最大限に引き出せる身体になり、夢の『美尻と美脚』を手に入れることができたのです。

第2章

綺麗な人は、筋肉に秘密がある！

～美のカギを握る血液の流れとリンパの流れ～

なぜ、筋肉なのか？

～私がなぜ筋肉に注目することになったのか？～

私は、エステティシャンになって今年で24年になります。エステを通してたくさんの女性と出会い、エステというお仕事の素晴らしさを知ることができました。今でも私の職業はエステティシャンですし、生涯エステティシャンでありたいと思っています。

筋肉に注目する前に「骨」を知った

それは、第1章でお客様のエピソードを通してお伝えしたように、長年通ってくださるお客様の悩みが変化し、お客様の結果を思うように出せなくなっていたことに疑問を持つようになったのがきっかけでした。

肩はガチガチにこり、身体は冷え、頭痛に悩み、鎮痛剤をラムネのように常用するお客様。薬を飲み続けることで、更に身体は冷え、筋肉が固まる……完全に負のループにはまっているお客様。このままでは綺麗になるどころか、いつか病気になってしまう。

綺麗になりたいのなら、まず身体の土台を整えなければいけない。そして、今の身体の状態をもっとお客様自身に知っていただく必要がある、と強く思うようになりました。そのためには、まず原因を知り、解決方法を探す必要がありました。

冷え、肩こりなどの不調の原因を探っていくうちに、あるひとつの答えにたどり着きました。それが『骨格』だったのです。

確かに骨盤の歪みが原因で不調が出ることや、ダイエットの妨げになることは良く聞く話でしたので、骨格からアプローチすることが出来れば、目の前のお客様を救うことが出来るのではないか? と考えたのです。

しかし、エステティシャンの私に、骨格からアプローチすることが果たして可能なのだろうか？　同時にそんな不安を抱いたことも覚えています。

それからは、エステティシャンの私でも骨格からのアプローチを学べる場所を探し続けました。

そして遂に見つけたのです！

それが、私と日本美容整骨学院との出会いでした。早速、学院のある大阪へ飛び、実際に施術を体験させていただきました。そのときの感動は今でも鮮明に覚えています。これなら、お客様の悩みを解決する事が出来る！そう思いました。そして、迷うことなく学院へ通うことを決めたのです。

それから毎週、大阪へ通いエステティシャンになって初めて『骨』について学ぶことになりました。新しい知識を入れることは本当に楽しく、毎回、お客様の事を考えながら解決策を見つけていけることが嬉しくて、この技術を習得出来れば、お客様の喜ぶ顔が見られる！　とワクワクの気持ちでいっぱいでした。

そして、無事に美容整骨学院を卒業し、晴れて骨格からアプローチのできるエステティシャン！　美容整骨師となったのです。

これでお客様を救うことが出来る！

それからは、毎日サロンで、美容整骨とエステを組み合わせた施術をさせていただきました。美容整骨×エステの組み合わせは今までにない結果を生み出し、思わぬ好評をいただき、あっという間に3ヶ月先まで予約の取れない状況になるほどでした。

これはすごい！

素晴らしい技術に出会えたことに、感謝の気持ちでいっぱいになりました。今後は、骨格を整えてからエステをすることで、エステの効果を最大限に引き出すことができる！　それが、エステティシャンの私にとって、何よりも嬉しかったのです。

今までとは違う結果を出すことができる喜びを噛み締めながら、改めて施術の楽しさを感じることができました。しかし……また新たな壁にぶつかることになるのです…。

そして筋肉へとたどり着く

すぐに結果に繋がるお客様、たった一回でも変化が目に見えて分かるお客様がいる反面、思ったような変化が見られないお客様や、施術をしてもすぐに元の状態に戻ってしまうお客様もみえました。

骨からのアプローチをしても、思ったように結果の出ないお客様がいる。なぜなのだろう？　やはりエステティシャンの私では限界があるのか？　もう私に出来ることはないのだろうか？　と、本気で悩みました。

そして、納得いくまで調べ考え、ようやくたどり着いたのが『筋肉』だったのです。筋肉についてもう一度学び直そう！　そう決めてからは、東京や大阪へ、気になる手技や理論を見つけては学びにいきました。筋肉のことを学べば学ぶほど奥が深く、もっと筋肉からアプローチすることが出来れば、まだまだ私にも救えるお客様がいる！　そう確信につながりました。『骨』から見ていた時には、気がつかなかったことが『筋肉』から見たときに、あ～そうだったのか！　と納得することができたのです。

解決のヒントは『筋肉』にあった!

骨格を整えることが、美容に繋がる！　そこまでは良かったのです。では、なぜ骨格は歪んでしまうのだろう？　筋肉を学んでいるうちに『そういうことか！』とようやく理解することができたのです。

痛みがあり、こり固まっている筋肉は、縮む力が働いていたのです。要は、縮んだ筋肉が骨を引っ張っているから、骨格が歪むということです。この縮んだ筋肉をゆるめることができれば、骨も元の位置に戻すことができる。なるほどね！　やっと私の中にあったもやもやが、スーっと晴れていきました。

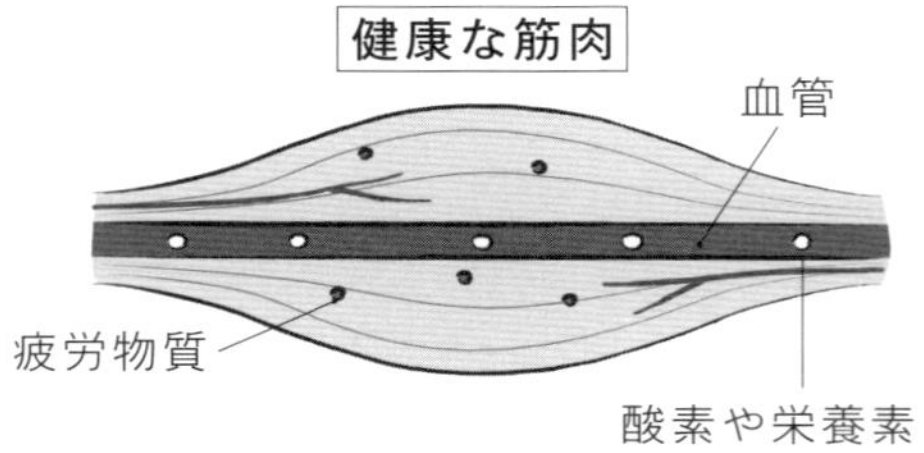

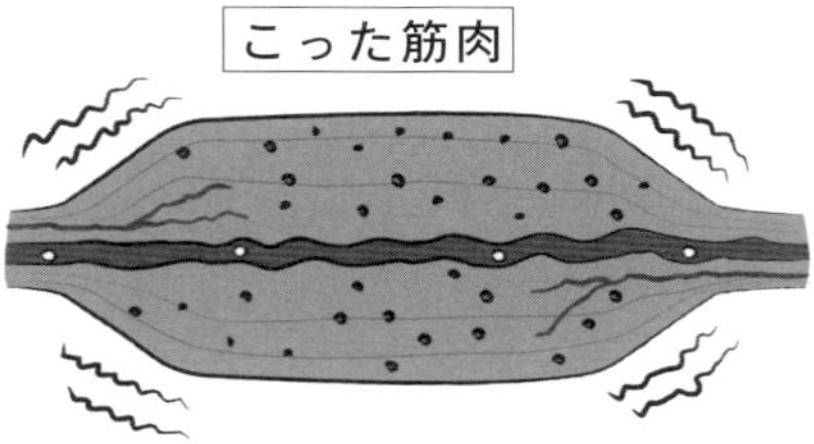

ここからは、どうしたら筋肉をゆるめることができるのか？　それだけに一点集中して、ありとあらゆる『筋肉を柔らかくするための手技』を学びにいくことになりました。実際に体感し、これはすごい！　と納得できた技術と理論を組み合わせ、自分自身の中に落とし込んでいきました。実際にお客様からモニターを募り、結果を見ながら、改善を繰り返して遂に出来上がった技術がBeautyMuscle-Treatment――BMT《ビーエムティ》なのです。

こうして出来上がった技術ＢＭＴが、サロンでいちばんの人気メニューになるには、そう時間はかかりませんでした。あっという間にＢＭＴを受けずにエステをするなんてもったいないと言っていただけるほど、お客様に喜んでいただけるメニューとして浸透していきました。

身体の土台を整える!

これこそが綺麗になるための最短ルートなのです。なぜ筋肉をゆるめることが身体の土台を整えることにつながるのか？　そして、それがなぜ綺麗になるための最短ルートなのか？　次の項で、もう少し詳しくお話していきたいと思います。

血流がすべての鍵を握っている
～健康も美容も血流がすべて！～

みなさんは、美容にとって血流がどれほど重要か知っていますか？

私自身、エステティシャンになって、しばらくの間は外側ばかりに意識が向いていて、何を使えば綺麗になれるのか？　そればかりを追求していたような気がします。その頃は美容知識も十分でなく、今なら分かることが全く分かっていなかったなと思います。

みなさんも、一度は耳にしたことがあると思いますが、『お肌のターンオーバー』という言葉があります。

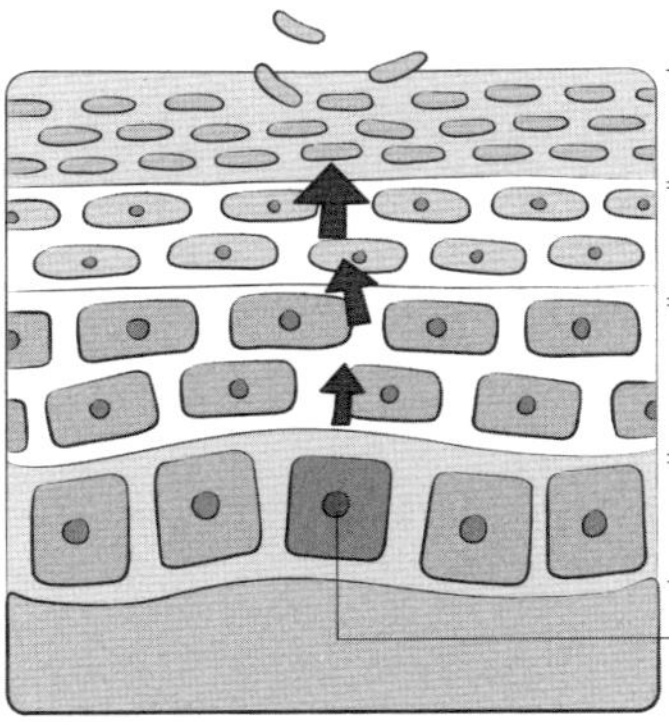

お肌のターンオーバーとは、お肌の生まれ変わり、つまりお肌の新陳代謝のことです。

お肌のターンオーバーの仕組みとは

お肌は一枚の膜のように見えますが、実際には表皮・真皮・皮下組織の3層に分かれています。更に1番上の表皮を細かく分けると、4つの層に分かれています。1番下から基底層・有棘層・顆粒層・角質層の4層です。

表皮の1番下にある基底層には、お肌の元になる細胞、基底細胞があります。この基底細胞から新しい細胞が生まれ、だんだんと日にちが経つにつれて上に上がり、角質細胞となります。1番上まで上がった角質細胞がア

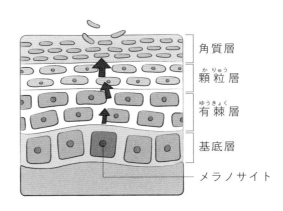

カとなってはがれ落ちるのです。
これがお肌の生まれ変わり、ターンオーバーの仕組みです。
そして、ここで重要なのが血流なのです。なぜなら……

お肌の元となる基底細胞は血液から栄養をもらっているから！

実は、お肌は血液から栄養をもらっているのです。だから綺麗になるためには、血流が重要なのです。血流が悪ければ、お肌に栄養を送ることができません。栄養のもらえない弱った細胞からは、どれだけ高級なお化粧品を使っても、美しいお肌が生まれることはないのです。

もちろん毎日のスキンケアは大切です。ただまずは、お肌の血流、更には全身の血流を改善して、お肌に栄養を届けること、それこそが、綺麗になるためには何よりも重要なのです。

血流が悪いと身体の中で起こること
～元気な身体でいるためにも血流が重要～

みなさんの身体には、どのくらい血管が張り巡らされているか知っていますか?　私たちの身体には、頭からつま先までほとんど隙間なく血管が張り巡らされています。その長さは、大人でおよそ10万キロメートル、地球約2周半といわれています。すごいですよね。

血管には、血液が心臓から全身に送り出される動脈と、全身から心臓へ戻る静脈の2種類があります。心臓からは1分間に約5リットルの血液が送り出され、心臓を出た血液は約20秒という速さで全身を巡ると言われます。

血管は、心臓に近い太い血管から徐々に枝分かれして、最後は網目のよ

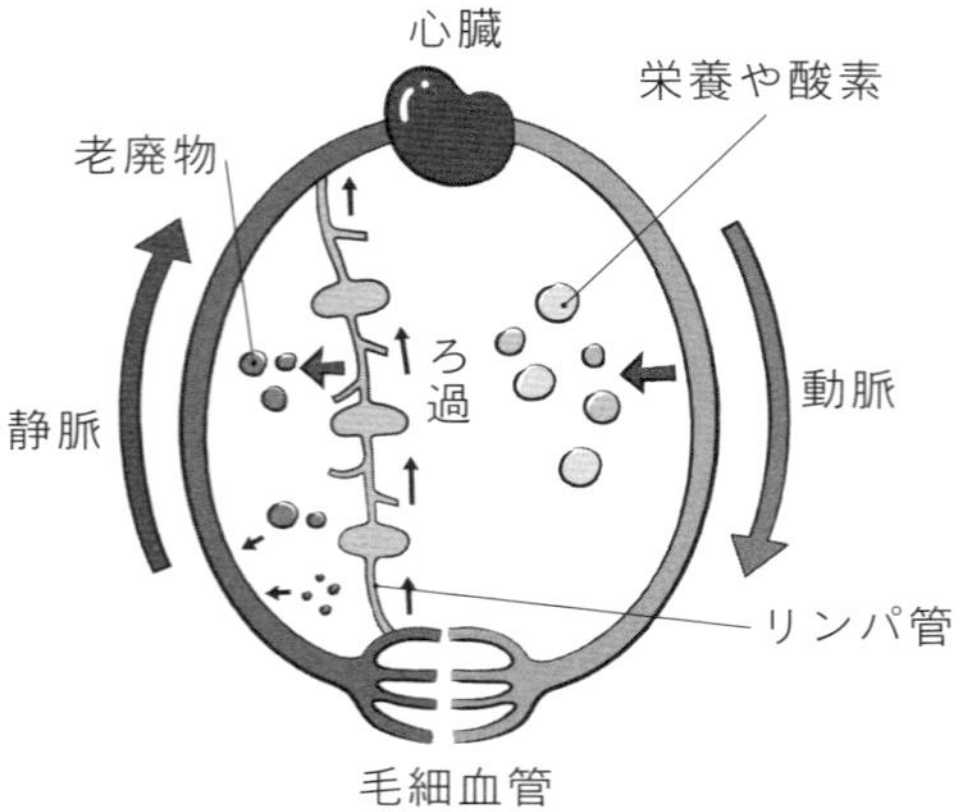

うに全身を覆っています。この細い血管を毛細血管といい、全身の95パーセントを占めているのです。このように全身に張り巡らされている血管のおかげで、私たちは全身に栄養や酸素を送り、老廃物を体外に排出することができるのです。だから、疲れがなかなか取れないのは血流が悪い証拠と言えるのです。

そもそも、疲れが溜まっているときは、私たちの身体は酸素や栄養が足りず、老廃物が身体に溜まっている状態なのです。血液は酸素や栄養を全身に行きわたらせ、老廃物を排出する役割があるので、血流を改善することで疲れが回復していくのです。

この項では、実際に血流が悪いときに身体では何が起きるのかをお話しします。

身体には一体どんな事が起こるのか?

血液がスムーズに流れていないときは、身体では様々なことが起こります。

血流が悪いと起こりがちなトラブル

これらはすべて、血流が悪いことが原因のひとつなのです。ここに挙げたものは、ほんの一部で、まだまだ書ききれないほどたくさんの症状が考えられるのですが、そろそろみなさんも、血流がすべての鍵を握っているということが、どういうことかご理解いただけたのではないでしょうか？

ただ、血流を改善することが大切なのは理解できたとしても、そもそもなぜ血流が滞るのか？　原因が分からなければ、解決策が分からないですよね。

早速、次の項では何が原因なのか？　についてお話していきたいと思います。

なぜ筋肉の血流に注目したのか?

～血液の流れとリンパの関係～

一般的に血流と聞けば、動脈と静脈、そして毛細血管をイメージされると思います。では、どこの血流に注目するのが大切なのか？　それは筋肉内の血流だと私は伝えています。

私が筋肉内の血流に注目したのは、お客様の不調はどこからきているのかを考えたからです。その当時、サロンへ来られるお客様のほとんどが、冷えや肩こり、頭痛、慢性疲労で悩まれていました。病院へ行くほどの不調ではないけれど、毎日身体が重だるい……肩が痛い、頭が痛い、何かス

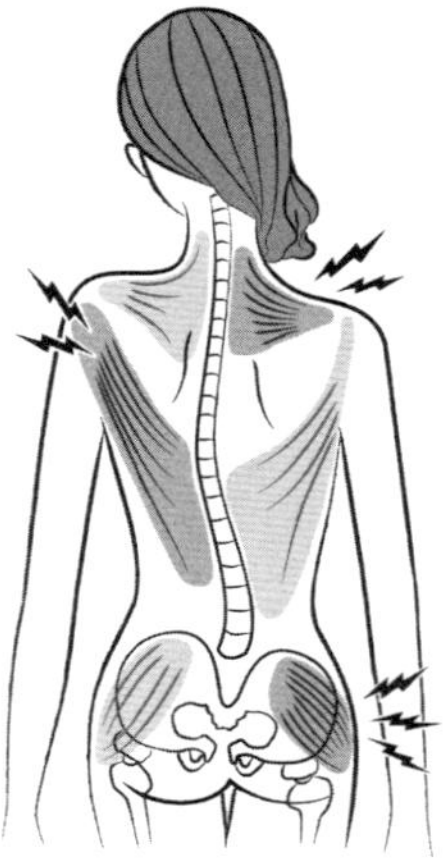

ッキリしない。そんなお客様がたくさんいました。

いったいこれらの不調は何が原因なのだろう？　不調を抱えたお客様の特徴をみていると、みんな身体のあちこちが硬いということでした。みんな筋肉がガチガチに固まっていたのです。この固まった筋肉を柔らかくすることができれば、お客様の不調を改善することができる！　そう思ったのです。

固まった筋肉には、縮む力が働いているので、この縮んだ筋肉をゆるめるために、筋肉内にしっかり栄養を届け、溜まった老廃物を排出しなければいけなかったのです。

だからBMTでは、まず、全身の血流をあげるための手技を使い、準備が整ったところで、全身の大きな筋肉をゆるめ、最後にお客様の硬い箇所へアプローチしていきます。

このアプローチができるようになって、ようやくお客様の固まった筋肉を柔らかくすることができ、第一章でお伝えしたような結果を出す事が出来るようになったのです。

これが私の中ですべてがつながった瞬間!

筋肉のコリがとれることで、冷えや肩こり、慢性疲労からも解放されます。**血流が良くなることで身体の変化だけではなくお肌にも変化が! そしてボディラインにも嬉しい変化が起こるのです。**

第三章では綺麗になるために皆さんが努力しているのに、なかなか結果につながらなかった理由を、お客様のエピソードとともにお話したいと思います。

第3章

女性の悩みと筋肉の関係

～エステティシャンの私が
これほどまでに筋肉に拘《こだわ》る理由～

美と健康をかなえる筋肉の秘密

綺麗になりたいと望み、サロンに来られるお客様のほとんどが、冷えや頭痛、肩こりなどの症状をかかえています。自覚症状のある方も見えれば、中には肩がガチガチにこっていても全く肩こりを感じていない方も見えます。こういった無自覚のお客様は、ほとんどの場合、施術によって筋肉がゆるみ、血流が改善してふわふわになった筋肉に触れることで、初めて自分の肩がこっていたのだと実感されるのです。これまで私がお会いしたお客様も、無自覚の方が非常に多かったと感じています。特に、症状を感じない方は対策が遅れてしまいますので注意が必要です。

そして、このような症状を抱えたままでは、綺麗になりたいというお客様の望みを叶えることが大変難しいのです。なぜなら美は健康の上に成り立つものだからです。

サロンのお客様から、良く聞く悩みを例に、なぜ筋肉をゆるめることが重要なのかを1つずつ見ていきたいと思います。

肩こり&頭痛

肩がこっているというのは、まさに首の後ろから肩や背中にかけて筋肉が張り、硬く固まっている状態です。肩こり＝首こりとも言えます。

この固まった部分では、循環障害が起こってきます。この循環障害によ

って、酸素や栄養が末端まで届かず、疲労物資が蓄積されることによって肩が痛い、重い、だるいなどの症状が出ます。筋肉を柔らかくすることで肩こりはとても簡単に緩和されます。

よく聞く四十肩も、昨日今日、急になったのではなく、このこり固まった肩こりを長年放置した結果ともいえます。だからこそ、肩こりは予防が大切なのです。

サロンへ来られるお客様のほとんどが、肩こりと頭痛の両方で悩まれていることが多く、肩こりが改善されると頭痛も解消される方が多いです。これは、肩こりからくる緊張型頭痛です。この緊張型頭痛は頭痛の7割を占めるとも言われています。

筋肉のこりをゆるめ、血液循環を良くすることで、肩や首のこりが和らぎ、頭痛を解消することができます。肩こりが解消されたことで、頭痛に悩むことがなくなり、鎮痛剤を飲まなくなったお客様をたくさん見てきました。

もし今、あなたが辛い頭痛に悩んでいるのなら、肩こりや首こりがないかチェックしてみて下さい。

やってみましょう！肩こりチェック

1 頭を横に倒して左右差をチェック

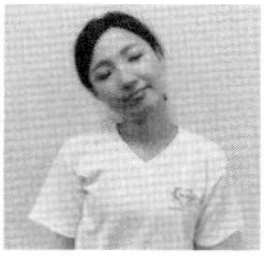

❶顔を正面に向けた状態から、頭を右へ倒してみましょう。

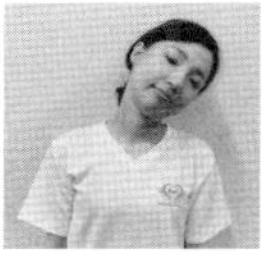

❷頭を左へ倒してみましょう。

㊟首を傾けた反対側の肩が上がらないよう鏡でチェックしながら頭を倒します。

❸ 顔を正面に向けた状態から頭を下に向けてみましょう。

❹ 顔を天井方向へ向けてみましょう。

㊟ 首に痛みを感じる場合もあるので、ゆっくり上を向きます。

2

頭を左右に振り向くように動きをチェック

❶ 振り向くように顔を右へ向けてみましょう。

❷ 同じように顔を左へ向けてみましょう。

㊟ 肩の位置を動かさないように顔を左右に向けます。

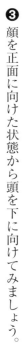

3 肩の動きをチェック

❶ まっすぐ立ち、気をつけの姿勢から両腕をまっすぐ上に挙げてみましょう。

㊟腕を上げる時に、外側に開かないようにします。

❷ まっすぐ立ち、気をつけの姿勢から両肘を90度に曲げ、その姿勢のまま腕を外側へ開いてみましょう。

肩こり判定

1 2 のチェック
☆頭を動かした時に次のようなことはありませんか？
☆動かせる範囲に制限がある。
☆左右で動きや範囲に差がある。

3 のチェック
腕を動かしたときに次のようなことはありませんか？
☆肩や肩甲骨周辺に違和感がある。
☆肩や肩甲骨周辺に硬さなどを感じる。
☆腕の開き方に左右で差がある。

以上のひとつでもあった場合は、自覚症状がなくても、肩こりの可能性が高いです。ぜひ一度チェックしてみて下さい。

冷え

冷えとは手足や内臓への血流量が低下することで感じる症状のことを言います。手足が冷たい人を末端冷え性と言いますが、実は、内臓が冷えている隠れ冷え性の方がとても多いのです。手足が温かいので、まさか私が冷え性だったなんて！　と自覚のないのが特徴です。

血流量が低下する主な原因は筋肉のポンプの低下です。心臓が血液を送り出して、筋肉のポンプで心臓に血液が戻るという循環が行われているのですが、筋肉が硬くこり固まっている状態ではこのポンプ機能が上手く働かないため、冷えにつながってしまうのです。

むくみ

むくみとは、血液の循環が悪くなって、余分な水分が身体の中に溜まっている状態です。冷えと同様に、筋肉のポンプが低下することで、血流が滞り余分な水が溜まってしまいます。ですから、固まった筋肉を柔らかくすることで、ポンプ機能を正常に戻すことが重要なのです。

便秘

便秘で悩む方は、お腹が硬く冷えていることが多いです。腸も筋肉で出来ているので、硬く冷えていると働きが低下してしまいます。内臓への血流をしっかり上げて腸の働きを改善することで、便秘を解消することができるのです。

サロンに来られるお客様の中にも1週間お通じのない方がいます。薬を飲まないと、お通じが来ないといわれるお客様でも、固くこり固まった筋肉をゆるめて、全身の血流を上げることで、施術当日〜翌日にはお通じがありました！　と報告をいただきます。薬を飲まずに便秘を解消できたこ

とに感動されるお客様もたくさんいます。中には施術中にお腹がジワジワ温かくなるのを実感される方もいます。

人間の毒素排出は、便として排出されるものが全体の75％と言われているので、便秘を解消することは、最高のデトックスと言えます。綺麗になりたいと望むなら、まずは便秘を解消することを意識してみて下さい。

目の疲れ

疲れ目の原因はピント調節をするときに使われる、毛様体筋という筋肉の疲労です。長時間の作業で休憩をとらなかったり、睡眠不足だったりすると、目の細胞に栄養や酸素が不足することで更に疲労を回復しづらくなるという悪循環に陥ってしまいます。

最近では20代30代の若い人たちの間で、手元が見にくい、夕方になると物が見づらいなどといった老眼のような症状に悩む人が増えています。これはスマートフォンなどの長時間の使用によるスマホ老眼と呼ばれる症状です。至近距離でスマートフォンを見続けることによって毛様体筋がこり固まった状態です。

改善策としては目を酷使しないことが基本ですが、こり固まった毛様体筋に酸素と栄養を届けることが大切です。首や肩の筋肉をゆるめることで、栄養が届きやすくなります。そのため、首や肩の施述後に目が開きやすくなったり、視界がよくなったり、色が鮮明に見えると言われるお客様が大変多いのです。

慢性疲労

慢性疲労！

これこそ血行不良が原因です。第二章でも触れていますが、身体全体に酸素と栄養を運ぶのは血液、そして老廃物を回収するのも血液だからです。血行不良によって老廃物が排出できない状態が慢性疲労を引き起こしているのです。

寝ているはずなのになかなか疲れがとれない、朝から身体が重だるいと感じている方は血行不良が起きているかもしれません。全身の血流が良くなることで、ぐっすり眠ることができ、朝からスッキリ元気に起きることが出来るようになります。

生理不順 生理痛

生理不順や生理痛、毎月、辛い症状に悩まれている女性も多いと思います。毎月、生理の度に寝込んでしまう方や、鎮痛剤を飲まないと仕事に行けないという話もよく聞きます。この症状も子宮に血流をしっかり届け温めることで、改善していったお客様をたくさん見てきました。

子宮も筋肉です。冷えて硬くなった子宮にはさまざまな不調がおこります。不妊もその1つだと考えられます。お客様の中には、不妊治療を長年続けられようやく授かった双子の赤ちゃんを無事に出産された後、もう次はないと思われていたのですが、産後のケアに通っていただいているうちに、なんと3人目を自然妊娠されたお客様もいます。

そのほかにも、不妊治療中のお客様が施術開始4ヶ月で妊娠されたり、ご本人もびっくりの3人目の妊娠報告をいただいたり、たくさんの嬉しい報告が届いています。

子宮にしっかり血液を届け、温めることは良いことばかりです。骨盤を支える股関節周りの筋肉が固まっていると、下半身の血流が滞り下半身の冷えにもつながります。下半身が冷えることで、冷たく冷え切った血液を子宮に届けることになってしまいます。

子宮を冷やす原因がないか、毎月の生理痛に悩むあなたも、これから妊娠を望むあなたも、今、不妊で悩むあなたも、股関節周りの筋肉が硬くなっていないか、一度チェックしてみて下さい。

めまい

立ちくらみやめまい、ふらつきなどでお悩みの方、首や肩が硬くなっていませんか？　腕が上がりにくい、重だるいなどの症状がある場合、首や肩、鎖骨周りの筋肉が硬くなっている可能性があります。鎖骨の下には鎖骨下動脈と鎖骨下静脈の大きな血管が通っています。肩まわりの筋肉がこり固まっていると、頭部へ十分な酸素を届けることが出来なくなります。すると頭がぼーっとしたり、立ちくらみやめまいの原因となることもあります。

また、老廃物が上手く排出出来ないことで余分な水分が溜まると、顔がむくむということも起きます。女性の憧れの小顔を目指すにも、血流の滞りを解消することが必須です。

不眠
寝つきが悪い

　これも慢性疲労と同じで血流が大きな鍵を握っています。女性の睡眠障害は実は女性ホルモンと深い関係があります。女性ホルモンは、思春期に急激に分泌が高まり、20～30代でピークを迎えた後、40歳を過ぎた頃から卵巣の退化とともに卵胞ホルモン（エストロゲン）の分泌が低下していきます。それだけでなく、女性には月経周期や妊娠、出産などで、女性ホルモンの分泌量はめまぐるしく変化します。

　一般的に、ホルモンの働きに左右されやすい睡眠メカニズムですが、ホルモン分泌が周期的に、そして年齢によっても変化する女性の場合は、男性に比べて不眠などの睡眠障害が起こりやすいのが特徴です。

このホルモンは血液中の特定のタンパク質と結びついて全身を巡ります。ですから、全身の血流を上げていくことがとても大切なのです。血流が上がることによって老廃物を排出し、更にホルモンを運ぶことができるからです。

寝つきが悪く、夜中に何度も起きてしまうと言われていたお客様から、施術で血流が改善した結果、朝までぐっすり眠れるようになったと報告が届いています。

猫背

ふと鏡に映った自分の姿に驚いたことはありませんか？　普段から姿勢が悪いと言われるあなたは、巻き肩が原因で猫背になっているかもしれません。肩が内側に巻いていませんか？　この巻き肩はパソコンやスマートフォンなどの前かがみの姿勢を続けることで身体の前側の筋肉が硬く縮むことが原因で起こります。

巻き肩、猫背は5歳も老けて見られるという見た目だけの問題ではなく、頭痛や肩こりなど、身体の不調にもつながります。また下腹ぽっこりの原因にもなりますので、早めに改善しておくことがおすすめです。

O脚

脚の歪みや捻れによって出来上がるO脚。この脚の捻れは見た目だけの問題ではなく、股関節やひざ、足首などに大きな負担をかけることになります。捻れている部分の筋肉がガチガチに固まっているのが特徴です。

私も数年前までひざとひざの間に指3本が入るほどのO脚だったので、日常生活だけでも負担のかかる脚でした。1日歩けば、ふくらはぎの外側がはり、股関節がガチガチになる状態でした。そして、昔からいちばんのコンプレックスがこの歪んだ太い脚でした。

脚やせを目指して、いろいろ試してみても全く変化のない脚、それどころか脚やせのために筋トレをすると股関節が痛くなる、気になるふくらははぎの外側や太ももの外側がさらに張る……もうこれは、骨格だから仕方ないのかと半ばあきらめに近い気持ちもありました。しかし筋肉と骨の関係を知り、自分自身の脚を触ると、ガチガチに固まった筋肉がどんどん解るようになりました。

固まった筋肉を柔らかくゆるめていくと長年悩みだった脚の歪みがとれて、ひざの隙間は埋まり、学生時代に陸上で鍛え上げられたふくらはぎがスッキリしました。以前のように脚が痛くなることもなくなったので、もしあの時、歪みを放置していたら、今頃ひざや股関節に痛みが出ていたかもしれません。冷えやむくみ、ひざ痛などの脚のトラブルは骨の歪みが原因です。その歪みは硬く縮んだ筋肉によって作られているので、ゆるめることでトラブルを解消することができるのです。

なかなか痩せられない

スリムな体型の人には、老廃物を回収する機能がしっかりとはたらいています。老廃物を回収するためには、血液の循環が良くなければいけません。血液の循環が良いということは、筋肉に必要な酸素や栄養がしっかり届いているということになります。

そして、私たちが無くしたいと思っている脂肪のほとんどは、過剰に摂取されたエネルギーが脂肪細胞に蓄えられたものです。脂肪を燃やすというのは、この貯蔵物を消費するということになります。

筋肉はエネルギー（脂肪）を消費して身体を動かすエンジンのようなものなので、筋肉にしっかりと栄養と酸素が届き、働ける状態でなければ、脂肪を燃やすことができないのです。スリムな体型を維持するためにも、ガチガチに固まった筋肉を柔らかくすることが重要なのです。

タプタプ二の腕

夏になるとタプタプした二の腕が気になって仕方がないという女性が多いです。私もその一人でした。年々太くなっていく二の腕、ノースリーブを着たいのに二の腕が気になって、仕方なく一枚上着を羽織る始末……いつからこんなに太くなったのだろう？

この、なかなか、やせにくい二の腕をほっそりさせるためのヒントになったのが、ブライダルエステに通ってくださったお客様でした。ブライダルエステに通われるお客様のほとんどが挙式当日、ウエディングドレスを綺麗に着ることを目標にされます。綺麗にドレスを着るには、天使の羽のように浮き出た肩甲骨と鎖骨が条件です。なので、ブライダルエステでは、肩こりやむくみでパンパンに張った首、肩、背中の筋肉をゆるめます。そうすると埋まっていた鎖骨と肩甲骨が綺麗に出てきます。肩甲骨と鎖骨が綺麗に出ると、みなさんが口を揃えて、いつの間にか二の腕が細くなったといわれ、更に綺麗にドレスを着ることができたのです。二の腕を細くしたい方へのキーワードは肩甲骨と鎖骨まわりの筋肉、ということになります。

下腹ぽっこりお腹

ぽっこりお腹の原因の多くは、骨盤の前傾です。骨盤は内臓を支える要です。骨盤が歪むことで、内臓が下がり、下腹ぽっこり、お尻や太ももに

お肉がつき下半身が太くなりがちになるのです。

骨盤が前傾の場合は反り腰の姿勢になり、腰痛や下腹が太りがちになります。左右に傾くと肩の高さが変わったり、1番多い捻れでは、ウェストラインに左右差が出たり、腰痛やひざの痛みにつながってしまいます。脂肪は筋肉の動きの悪い部分に付きやすいので、硬く動きの悪くなった骨盤周りの筋肉をゆるめること。そして骨盤を支えているのが、股関節になるので、しっかり股関節周りからゆるめていくことが結果につながっていくのです。

骨盤が整ったことで、下腹がへこんだ、お尻がキュッと上がった、背筋が伸びた、姿勢が良くなった、腰まわりのお肉が落ちた、ワンサイズ下のデニムが入った……などスタイルアップに成功した方が多くいます。骨盤を整える事はスタイルアップにとても効果的なのです。

バストアップ

巻き肩など、身体の前側の筋肉が硬く、こり固まり縮んでしまうと、バストは下垂してしまいます。バストが下垂することで、ぐんと老けた印象になってしまいます。肩から胸の固まった筋肉をゆるめることで、バストの位置が上がり、弾力が回復することで、バストアップが可能になるのです。サロンのお客様の中にも、1サイズ～2サイズアップされた方がいます。私の生徒さんの中には、このBMTの技術を取り入れて小胸に悩む女性のためのバスト専門サロンをされている方もいます。最後の章でご紹介させていただきますので、バストに悩んでいる方は楽しみにしていてください。

肌荒れ

お肌の細胞に栄養を届け、老廃物の排出ができていることが、美肌の条件です。そのためには全身の血流が重要な鍵を握っています。特に顔の場合は首、肩周りの筋肉が柔らかくお肌に栄養が届けられる状態を作ることが大切なのです。もちろん毎日のスキンケアは大切ですが、何を使っても思うような結果が出ないと悩んでいる方は、あなたの身体の状態が美肌の条件にはまっているかをチェックしてみて下さい。

シミ

30代、40代女性の7割がシミを気にしていると言われています。シミが1つあるだけで実年齢より老けて見られたり、疲れているように見られるなど、お顔の印象が変わります。くすみも同様に印象がガラッと変わります。

男性に行われた「女性の肌」に対する意識調査では、7割の男性が女性の年齢が最も現れるのは「肌の状態」と感じているようです。シミに最も効果的なのは、お肌のターンオーバーを促進させることです。シミ（色素沈着）はターンオーバーによりお肌の表面に押し上げられて、古い角質と一緒に剥がれ落ちるものですが、血流が滞るとそのサイクルが上手く働きません。お肌の細胞に栄養を届けることが肌の生まれ変わりを助けてくれるので、血流が行き届いていることが重要です。

アレルギー

花粉症などアレルギーの基本的な対策は、アレルゲンとしての花粉をできる限り除去することですが、それ以外にも疲労を取るなど、体調を整えることが重要です。これまでにさまざまな研究から、疲労が蓄積するとアレルギー症状が悪化することが報告されていますが、特に慢性的な疲労の影響で2倍以上のアレルギー症状が出るとの指摘もされています。

血流が良くなることで疲労物質が運び去られ、栄養と酸素も身体の隅々まで運ばれるので疲労が回復していきます。こうして体調が整うことでアレルギー症状が緩和されていくのです。毎年辛い花粉症に悩む方は、ぜひ全身の血流をアップして、花粉症対策をしてみてはいかがでしょうか?

アトピー

「体温が1度上がると、免疫力は30%アップする」と聞いたことがありませんか?

血液がしっかり流れているところに病気はなく、血液が滞り冷えているところが病気になるのです。身体が冷えやすい、肌が乾燥しやすく汗をかきにくい……など、これはアトピーや肌トラブルを抱える方の特徴ですが、身体が冷え免疫力が低下しているので、全身を温めて体温を上げていくことが大切です。

体温を上げるためには冷えている部分に血流をしっかり届けること、すなわち肩こりなど筋肉のこり固まっている部分には血流障害が起こっているので、筋肉をゆるめていくことがとても有効なのです。

第4章

それ、順番が大事です！

～運動やヨガ、サプリで結果が出ない人には理由がある～

美しくなる努力がムダになる時

これまで、たくさんのお客様と出会い綺麗になるためのサポートをさせていただく中で、定期的に施術に来てくださっているのに、なかなか結果の出にくいお客様がいました。

そんなお客様は決まって、早く結果を出すために、スポーツジムに通ったり、ヨガを取り入れてみたり、ストレッチをしたり、個人的に努力をされる素晴らしい女性だったのです。

「努力しているのに結果が出ない」

こんな経験が皆さんにもあるのではないでしょうか？

なぜ綺麗になるための努力が無駄になってしまうのか？　それは、綺麗になるためのある重要なポイントがおさえられていなかったからです。

これまで結果が出なかったのは、決してあなたの努力不足ではありません。

綺麗になるためには順番が大切だったのです。

スポーツジム

ブライダルで輝きたいのに

適度な運動はとてもいいと思うのですが、筋肉がガチガチ、腱や靭帯も固まり関節の動きが悪くなっている状態で運動をしてしまうと、間違いな

く怪我をします。身体のバランスが悪い状態で筋肉を鍛えたとしても、綺麗な身体のラインを作ることは不可能です。

美意識の高い頑張り屋さんのお客様ほど、エステだけではなくジムへ通って運動をしています。運動するのが悪いということではなく、運動ができる状態の身体なのかを見極めていただきたいのです。

以前、私のサロンでもこんな事がありました。半年後に挙式を控えたブライダルのお客様です。挙式の日に綺麗な姿でドレスを着るために背中、二の腕、デコルテをすっきりさせたい！　これがお客様のいちばんの希望でした。初回の施術をさせていただいた時、職業柄、生活リズムが不規則で、身体も神経も使うお仕事のため、首、肩こりが酷く、身体も冷えていました。

私はこれまでの経験上、挙式まで時間も半年あるし問題なさそうだなと思っていました。それだけでなく、食事の管理など自分でできることは率先して頑張ってくれるお客様でしたので、全く心配していませんでした。

ところが、施術を進めていくと、なかなか身体がゆるんでいかず、結果が出にくい事に少しずつ焦りを感じるようになりました。しかし、お客様を不安にさせるわけにはいかない！　何が結果を止めてしまっているのだろう？　それを見つける事に集中しました。

いつものように施術にご来店いただいたある日、戻るどころか肩がガチガチに……そして腰も痛いと……ん？　どうしたのだろう？　おかしいな……そう思い前回の施術の後から何か変わったことがなかったかをヒアリングしていきました。

するとお客様から聞けたのは「先週は仕事終わりに2日連続でジムへ行って走ったことかな……」それ以外はいつもと何も変わらないとのことで

した。

頑張る人が報われない⁉

まさか……と思い、脚をチェックするとガチガチ、パンパンに。あ～！　そうだった！　ブライダルエステが目的だから、今は上半身を何とかしたいけど、本当に気になるのは下半身だと最初に話してくれていたのを思い出したのです。盲点でした。

最高の状態でドレスを着るために少しでも！　と頑張ってくれていたことが裏目に出てしまったのです。はじめてお会いした時点で、お客様の脚は硬く捻れもあったので、運動をすると負担がかかってしまう状態だったのです。

そのためジムで脚を酷使することで、股関節や腰に負担がかかり、肩まで引っ張られガチガチになっていたのです。

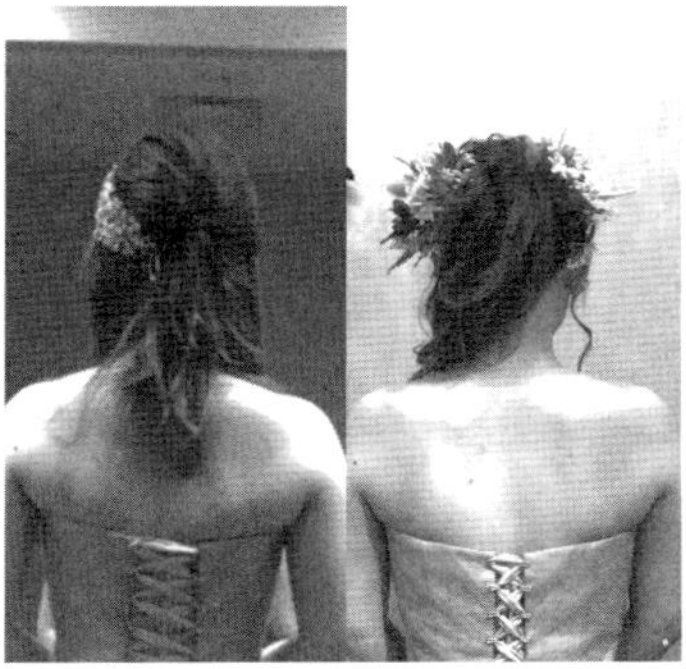

Before → After

今の状態をもう一度お話して、挙式まで日にちも迫っていて不安だと思いますが、結果を出すためにジムをお休みしていただきたいことを伝えました。

そして時間もそんなにないので、脚に関しては挙式後にじっくり向き合っていこうと約束し、まずは1番叶えたい上半身をメインに集中することになったのです。

頑張れるお客様が頑張ることを止めるのは、辛かったと思います。ですが、そこから一気に結果が出始めたのです。正直ホッとしました。

無事に挙式を迎えられ、最高に綺麗なドレス姿のお客様のお写真を見たとき、人生の中で大切な日のお手伝いをさせていただけたことに感謝の気持ちと、喜びでいっぱいになりました。

この経験を踏まえ、決して運動やスポーツジムに通うことがいけないと言いたいのではなく、まずは、自分の身体がどういう状態なのかを知っていただきたいのです。

アドバイス

運動をしているのに思うように結果が出ないとお悩みの方は、ぜひ一度ご自身の身体のバランスをチェックしてみてください。

ウォーキング

「とりあえずウォーキング」の危険

サロンで仕事をしていると、出会うほとんどの女性が痩せて綺麗になりたいと言います。私もその一人なので気持ちがよくわかります。そしてこれは、女性の永遠のテーマだと思っています。私のサロンに通われるお客様は、とても美意識が高い方が多いので、ホームケアとして何か出来ることがないかとよく相談されます。とりあえず、ウォーキングはどう？　と相談されることが多いです。

ただこれも、脚に捻れがあれば、思ったような結果を得ることができないのです。私も以前は完全なO脚でしたので、歩くだけで脚だけではなく、身体全体に負担がかかるのです。せっかくスタイルアップのために努力をしても、頑張れば頑張るほど、気になるふくらはぎ、太ももの外張りが更に張って、細くなるどころか太くなるのです。

これでは何のために頑張っているのか分からないですよね……。色々試しながら、私もかなり長い間悩みました。

やはり、まずは脚の捻れや硬くなっている場所を知ること。これが結果を得るためには一番重要なのです。

アドバイス

自分の脚に触れて、硬くなっているところはないかチェックしてみて下さい。脚の捻れがあるかもしれません。

ストレッチ

股関節クラッシュブーム!?

適度なストレッチは心地よく有効だと思うのですが、ストレッチも十分な注意が必要です。少し前に開脚がブームになったとき、私のサロンで事件が起きました。ちょうどテレビでも特集が組まれ放送されていたので、目にすることが多かった時期です。来店されるお客様が立て続けに股関節が痛いというのです。

あるお客様は、急に股関節が痛くなってトイレでしゃがむことができなくなった、と言われ来店されました。長く通っていただいているお客様なので何か変わったことがあったのか、お話を聞いていました。

特に思い当たることがないとおっしゃっていたのですが、同じ週にご来店いただいたお客様2人も股関節を痛めていて、テレビで見たストレッチをしたと言っていたのですよね～と何気にお話したところ「あっ！」と何かを思い出されたようで、私も……と言われたのです。

まさか良かれと思ってやっていたストレッチで股関節が痛くなったとは考えもしなかったので思いつかなかったそうですが、ストレッチ以外で変わったことは何もないし、そうかも！　と言われ、3人目の開脚で股関節を痛めたお客様となったのです。3人のお客様に共通していたのは、上半身の筋肉が硬いこと、そして心地いいを通り過ぎて無理に引っ張ってしまった可能性があることです。

ペターンと開脚する姿は気持ち良さそうですし、ダイエット効果があると言われれば気になるのも良くわかります。しかし、身体を痛めてしまっては本末転倒です。

アドバイス

上半身がガチガチのまま開脚をするのは難しいのです。股関節を傷めかねません。やはり何をするのも順番が大切です。

ヨガ

ひざの隙間にフォーカスした結果

ヨガも筋肉の硬い方は十分な注意が必要です。サロンのお客様の中にもヨガを併用される方も多いのですが、やはり無理は禁物です。O脚で悩まれているあるお客様が、更に結果を早めたいと考えられてヨガの体験に行ってきたとお話してくださいました。私の本心ではちょっと心配……まだ硬い部分が多いので、大丈夫かな〜と思ったのですが、体験に行ったヨガの先生がとても素敵な方だったようで、お客様が気に入っている様子、そして何より「O脚は簡単に治る」と言われたと聞き、この時は、何も言えませんでした。

O脚に関して、私が苦戦しているお客様だったので、もし本当に簡単だと言うのなら叶えて欲しいとさえ思いました。しかし数回通ったころ、股関節がガチガチに固まり、痛くて以前より脚が開かない状態になってしまったのです。見かねて、これまでの経緯と今の状態をお伝えして、ヨガをいったんお休みしてみては？　と提案させていただきました。

それからは、全身をゆるめながら少しずつ改善に向かっています。無理にひざの隙間をくっつけることばかりにフォーカスしてしまえば、他の部分に負担がかかります。全身を見ながら調整していくことが大切なのです。全身から調整をすることで、頭痛や肩こり、生理痛なども改善されどんどん健康になっていくお客様をみて、この選択は間違っていなかったと思っています。

アドバイス

準備もなくいきなり一ヶ所にフォーカスすると、どこかに負担がかかるということを覚えておいてください。

サプリメント

サプリメントがなぜ効かないのか？

サプリメントも効果の分かる人と、よく分からない人がいると思います。これは、そもそも自分に足りない物が補えているのか？　という点も大きな理由だと思いますが、よく分からないという人の中には、胃腸が弱く、血液が不足しているタイプの方が非常に多いのです。胃腸が弱ければ、せっかくのサプリメントも上手く消化吸収することができません。この場合は胃腸を元気にすることが何よりも重要です。

胃腸をはじめとする内蔵の機能低下は、お腹が冷えていることがサインとなります。お腹が冷えるという経験はありますか？　お腹に手を当てて、お腹が冷たいと感じた場合、または、手とお腹の温度差がない場合は、お腹が冷えている証拠です。お腹の中には胃や腸はもちろん膀胱、子宮や卵巣など重要な臓器がたくさんあります。そのため、トイレが近い、膀胱炎になりやすいなどの排尿トラブル、便秘や下痢、月経トラブルなどがある場合も、お腹の冷えとなって現れる可能性があります。

お腹の周りには、多くの筋肉が存在します。お腹の筋肉が硬くなると、血行が悪くなる事で冷えるとともに、骨盤底筋群などの筋肉の機能の低下は、腸、子宮、膀胱の機能低下を招くことにもつながるといわれています。

アドバイス

サプリメントの効果を感じない方は、お腹に手を当てて冷たくないかチェックしてみて下さい。

マッサージ

強揉みマッサージは危険!?

首や肩、足に疲労が溜まると、誰かに押して欲しい！　揉んで欲しい！と思いますよね？　多くの女性が自分で揉んだり、お店でほぐしてもらった経験があると思います。

しかし、強いマッサージは、その瞬間はとても気持ちよくスッキリしたような感じがするのですが、実は筋肉に強い力を加えると筋繊維が破壊されてしまうのです。

・強く押してもらったほうが効く
・強く押してもらったほうが身体には良い

これは思い込みです。そしてこの思い込みはとても危険です。

強いマッサージを続けるとどうなるのか？

強いマッサージによって、本人は気付かないほどの細かい筋繊維が壊れます。

ですが、人には自然治癒力があるので、この壊れた筋肉を治そうとします。その時、ただ普通に戻るのではなく、前よりも刺激に耐えられる強い筋肉になろうとするのです。

その結果、刺激に強い筋肉になって元に戻ります。ですので、以前の強さでは物足りなくなり、「もっと強く押して下さい」という負のループにはまっていくのです。これを繰り返したお客様の身体は触ればすぐに分かります。ガチガチなのです。わざわざお金を払って、もしくは自分で自分の身体を壊してしまっては本末転倒です。

アドバイス

こんなこと思い当たりませんか？

①痛いけど我慢してマッサージを受けている。
②強く押してもらわないと何も感じない
③マッサージを受けると揉み返しが辛い
④マッサージに通っても肩こりがよくならない

マッサージしているのになかなか結果が出ないなと思う方は、一度チェックしてみてください。

第5章

ゆるふわ筋肉を保つために必要なこと

～よい筋肉をつくるためのタブーとは～

美容のために大切な「水」

お客様の施術をしていて、筋肉が固まりやすい人、戻りやすい人、そしてゆるみにくい人にはある共通点があることに気付きました。一つ目はお水を飲むのが苦手な人、二つ目は甘い物が好きな人です。

不調を抱えてサロンへ来られるお客様は、結構な割合でお水が苦手、水分をあまり摂らないといわれます。お水が苦手な方の中には、味がないから飲みづらいと、ミルクティーやジュースなど甘い飲み物を好んで飲まれている方が多いのです。

健康、美容のためには良質なお水を飲む事は必須だと私は考えています。

人間の体は、ほぼ水でできている

皆さん、人間の体内水分量はどのくらいか知っていますか？

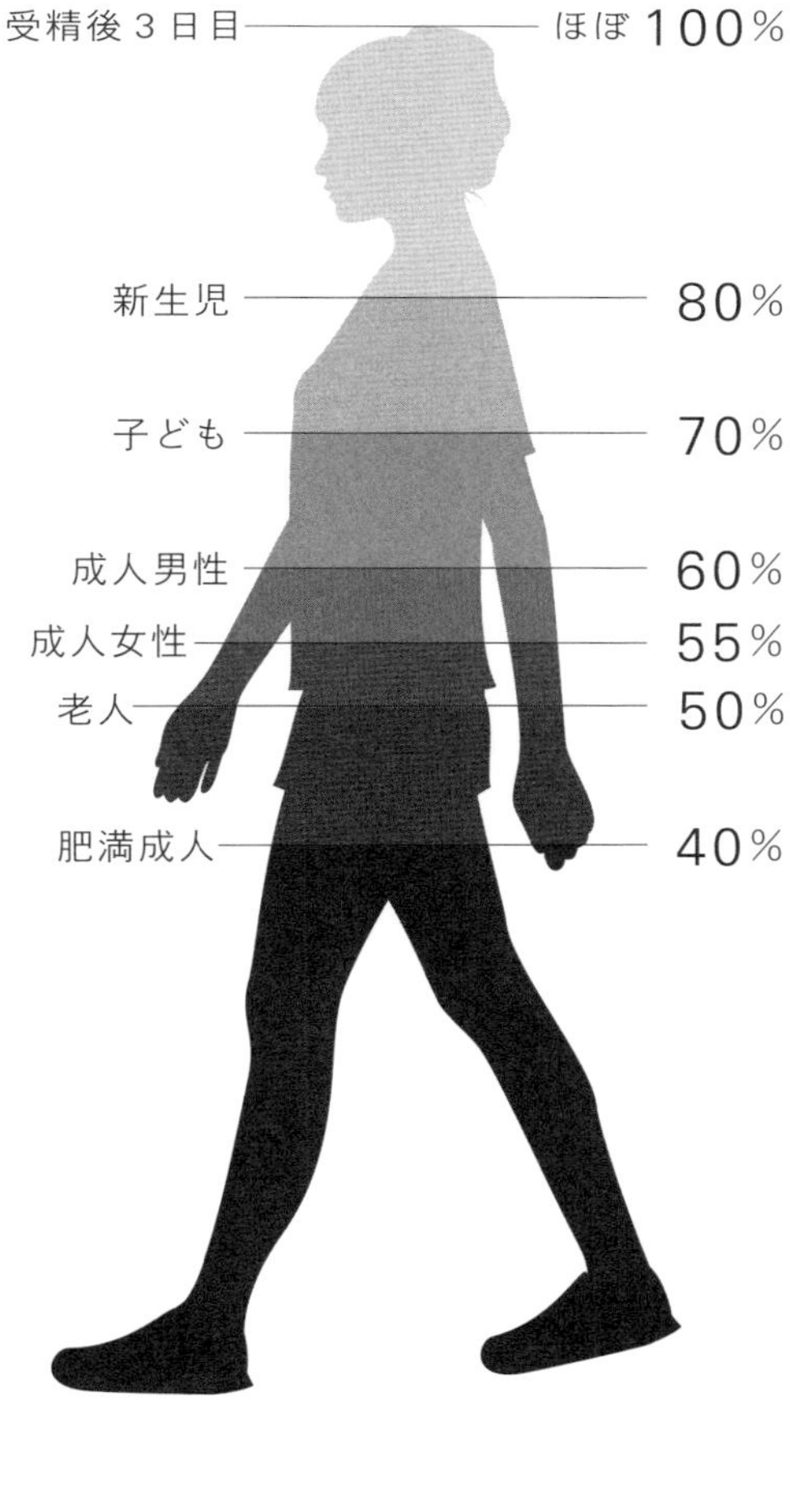

一日の水分摂取量の目安は最低1リットル。なぜなら、大人1日の水分の排出量（生活活動レベルが低い場合）は

呼気……0・5リットル
汗……0・5リットル
尿・便……1・5リットル
合計約2・5リットルが排出されてしまうのです。

摂取量としては1リットルは食べ物から、そして0・5リットルは代謝によって計約1・5リットルの水分を摂取していると言われているので、最低1リットルは飲み水から摂取する必要がある計算になります。

飲んだお水は何分でどこに到達するのか？

埼玉医科大学で行われた、マウスを使った動物実験の結果、飲んだお水

は30秒で血液に入り、1分以内に脳組織と生殖器に到達することがわかったのです。これは妊婦が悪い水を飲んだ場合、その羊水は1分で汚れてしまうことを意味します。そして皮膚組織には10分後、心臓や肝臓などの臓器には10〜20分後に到達することもわかったのです。また、飲んだお水が完全に体外に排泄されるまでには、約1ヶ月かかることもわかりました。

だからこそ！　これまでに良質なお水を飲めていなかったお客様には最低1ヶ月以上は良質なお水を飲むことをお伝えしています。そしてサロンの施術効果を上げるためにも、私のサロンでは施術前に良質なお水をお出しして、たっぷりお水を摂取していただいてから、施術をするようにしています。

なかなかお水が飲めなかったお客様が、少しずつ水分を摂取できるようになっただけで、ぐんと施術効果が上がり、筋肉がゆるみ本来の筋肉のポンプを取り戻した事で、老廃物の回収が一気に進み、お水を変えて意識的に飲んだだけで結果に繋がったお客様がたくさんみえます。

施術後、戻りが早く、なかなかスッキリしなかったのに、お水を摂取したことで、スッキリ感を感じることができるようになり、身体の調子が良くなったお客様。

何をしても痩せられなかったのに、良質なお水に変えて摂取した事で一気に施術効果が上がり、1ヶ月も経たないうちに2キロ減に成功したお客様。むくみが解消され、身体が一気に軽くなりサイズダウンに成功したお客様。

たくさんの結果報告が届いています。このような結果から、施術効果を上げるためには良質なお水が必須だと私は考えています。

筋肉を硬くさせる食べ物ナンバー1は「砂糖」

甘い物が好きな人は要注意

これは、お水が苦手な人も気をつけていただきたいのですが、お水が苦手な人ほど、お水の代わりにジュースや炭酸飲料、砂糖入りのコーヒーや紅茶などの清涼飲料水を飲んでいるケースが多いのです。この清涼飲料水には、いったいどのくらいの糖分が入っているか知っていますか？　中にはなんと！　一本あたり角砂糖10個分もの砂糖が入っているものもあるのです。

この砂糖は柔軟な身体づくりを阻害し、筋肉を硬くさせやすいと言われています。砂糖の主成分である糖質は、ごはんや果物に含まれている糖質とは異なり、砂糖を摂取すると血液がドロドロになってしまうのです。特に白砂糖は化学薬品が使われていることが多いため、より筋肉を硬くさせてしまいやすいといわれています。

甘い物を食べると疲れが取れるような気分になりますが、実は血液に粘りが出るため、血液循環が悪くなってしまいます。

サロンに通われているお客様の中にもお水が苦手で、水分摂取はジュース、甘い物大好きな方がたくさんいます。ただサロンに通われるようになって、少しずつお砂糖の摂取を減らしていくと身体に大きな変化が見え始めるのです。

毎日、知らず知らずのうちに大量に摂取していたジュースをお水に変えただけで施術効果が上がったお客様がたくさんみえます。

あなたも、お砂糖を摂りすぎていないか？　ぜひ一度ご自身のお砂糖の摂取量をチェックしてみてください。

しっかり身体の声を聞いて、調子の悪い時には、お砂糖を控えるなどご自身でコントロールできるといいですよね。

体調不良は身体を硬くする

風邪を引くのは、心身に溜まった老廃物や不要物を流すというデトックス現象の側面もあります。ストレスを溜めたり、食べ過ぎたりすることで老廃物が溜まり、身体が冷えたところへウイルスなどが進入するため風邪を引いて、デトックスをするという考え方です。

風邪を引く直前は、老廃物の溜まり方が限界に達して身体が硬くなるのです。風邪を引くのは、ある意味デトックスが必要な身体の状態だということです。柔らかい体を保つためにも、疲れを溜めないこと、身体を冷やさないことが大切です。そして、未消化物を溜めないように、無理して食べず老廃物を排出することがポイントです。

過食は筋肉を硬くする

過食は、身体に燃焼しきれなかったカロリーが蓄積されるだけでなく、老廃物を溜め込んでしまいます。そのため、筋肉だけではなく関節や脂肪も硬くしてしまいます。

消化してスッキリ排出できる、負担の少ない食べ方、そして量にすることが、筋肉を柔らかく保つポイントになります。

そのためには、常に腹八分目を意識しましょう。

肉や塩は強い陽性（極陽性）の食べ物なので、食べると心と身体がキュッと引き締まるので「やる気や根気、前向きな力」が出ますが、食べ過ぎると極度の緊張感やストレスを感じるようになります。このような肉や塩気の多い食事の過食をしないこともポイントになります。

緊張・ストレスが筋肉を硬くする

緊張やストレスを感じたままでいると、筋肉は硬くなります。緊張を和らげリラックスした状態であれば、柔らかい筋肉を作ることができます。そのためには、イライラを感じたときは深呼吸をしてお腹をゆるめ、深い呼吸をすること、そして筋肉がゆるんだあとは、食べ物や食べ方にも気をつけていただくことをお勧めしています。

第6章

「心」も「綺麗」に導く筋肉

～ストレスで筋肉は固まり
筋肉がゆるめば心も変わる～

物事の捉え方とエステ効果の相関関係

いつも笑顔でいるメリット

サロンへ長く通ってくださっているうちに、自然と色々なお話を聞くことが多くなります。もちろん綺麗になるためには、悩みやイライラ、不安などを抱えていると結果が出にくいということもあり、お話を聞かせていただくようにしています。ただ、私の場合、結果のためというよりも、大好きなお客様には常に笑顔でいていただきたいという思いを強くもっています。

外見がどれだけ綺麗になったとしても、いつも眉間にシワを寄せていた

り、不安そうな暗い表情をしていては、その方の魅力が半減してしまいます。
やはり笑顔は女性の最大の武器だと思いますし、周りに与える印象も変わります。素敵な笑顔の女性はみんなの憧れです。大切な人に笑っていて欲しいと願うのと同じように、私のサロンのお客様には笑顔でいて欲しいと願っています。
自然な笑顔で毎日を過ごすためには、その方自身が、物事をどう捉えるかが重要だと思います。これまでエステを通してたくさんの女性の悩みを聞いてきましたが、同じ出来事が起きても笑い話にできる人、良い経験をしたと前を向ける人、はたまた、いつまでも起きた出来事に捉われ、まわりのせい、環境のせい、人のせいにし続ける人と、さまざまです。

ポイントは「同じ出来事が起きても」です。

そして何かのせいにしている人は、また次の出来事が起きても毎回、同じことを言っているのです。

○○さえなければ

○○さえ終われば

そして、会社が、時間が、あの人が、旦那が、子供が……と言い続けます。

誰もが、望んで上手くいかない選択をしているわけではないのに、なかなか抜け出せないのは、自分の外に答えを探しているからです。私も昔はそうでした。

これさえ無かったら私は幸せになれる
あの人さえいなければ楽しくできるのに
あの人がこう言ったから

全く自分の内側を見る事ができていませんでした。これが他人の人生を生きているということだったのかと知ったとき、幸せは自分の中にあったのだとわかりました。私も長年こじらせていたので、その渦中にいる本人がどれだけしんどいかも良くわかります。

だからこそ、一人でも多くの女性が、自分の外に答えがないことに気付いて、早く自分自身の魅力に気付くことを願っています。

モノマネ細胞「ミラーニューロン」の話

脳の中には、モノマネ細胞があるということを、聞いたことがあります

か？

これは別名「ミラーニューロン」と呼ばれているのですが、１９９６年にイタリアのパルマ大学の科学者、ジャコモ・リッツォラッティ氏が発表した研究結果でもあります。

その研究結果というのが、脳の中には、モノマネしてしまう細胞があるというのです。夫婦が似ているなんていうのもよくありますよね。でもこれは、もともと似ていたわけではなく、徐々に似ていったのです。

モノマネ細胞の働きによって私たちは周りにとても影響を受けているのだとしたら、誰といるか、どんな環境に身を置くかがとても大切になります。

もし毎日、愚痴や悪口などネガティブな話ばかりする人と過ごすと、気付かないうちに自分までそれに染まってしまうのかもしれません。

そして、環境は、あなたが気付かないところでも悪影響を与えていることがあるのです。それは、やる気やモチベーションです。更に重要なのは、「私はこういう人間だ」というセルフイメージまでも、影響を受けているかもしれない点です。

セルフイメージというと、自分はこういう人間だと自分で規定したと思いがちですが、実は、自分の意思とは関係なく周囲から取り込んで真似してしまっていた人間像かもしれないのです。

もし「自分の意思とは関係なく真似する」モノマネ細胞のせいだとしたら、どうしますか？

自分の望む人生を明確にイメージしましょう

あなたのセルフイメージを変えたいのであれば、付き合う人を変えるということです。といってもそう簡単に付き合う人を変えられる人ばかりではありません。ですが、嫌な人との時間を減らすことは出来ます。その空いた少しの時間をあなたの望む人との時間に当てることで、未来を少しずつ変えていくことができます。

もちろん会えるのであれば会うことほどパワフルなものはありませんが、会えなくても理想とする人の本を読んだり、有名な人であれば、映像を見たりすることは誰にでも出来ます。

みんなそれぞれ、与えられた環境も異なれば、歩いている道も違います。ですが、夢を見たりこれからの人生を変えることは可能です。そのためには、自分がどんな人生を望んでいるのかを明確にすること。そして、その人生をすでに歩んでいる人を見つけることです。あとはできるだけその人との時間を過ごすだけで、望む未来を手に入れ人生を変えることは、今からでも可能なのです。

理想とするセルフイメージがあるなら、あなたが描く夢をすでに叶えている人との時間を過ごしてみてください。

思考の柔軟さは筋肉をゆるめて手に入れる

身体と心の相乗効果

ストレスがかかることで、血管が縮み、更に血行不良が起こることで、約1割、筋肉が硬くなると言われています。そしてストレスを受けやすい

かどうかは、物事の捉え方で大きな差が出ます。つまり、思考や考え方によって、サロンでの施術の進み方にも大きな違いが出ることを、私はこれまでの経験を通して強く感じています。ただ、思考や考え方を変えようと意識しても、身体と心は、相互に影響を及ぼす密接な関係があるので、ガチガチの身体の状態では、なかなか良い思考は生まれてきません。だからこそ、まずは身体をゆるめることが先なのです。

身体がゆるむことで思考も柔軟性を得ます。皆さんもこんな経験はありませんか？　いつもなら笑って聞き流せることが、時によっては聞き流せなかったり、人の態度がものすごく気になったり……。

これは身体状態と、とても深い関係があるのです。身体が辛かったり、痛かったり何か不調を抱えていると、考え方もだんだんネガティブになりますよね。心と身体はつながっているので、両方が健康であることが大切なのです。

そして、日々の疲労を回復するためには、睡眠が大切です。この睡眠の質が悪いと、仕事も効率良くこなすことができないですし、良いアイデアも浮かんできません。睡眠不足が続いていたり、不規則な生活をしていると、疲れもたまり、イライラしたり、物事をネガティブに考えたりすることが多くなります。

質の良い睡眠をとるためにも、ガチガチな身体をゆるめ、全身の血流を上げる事が必要なのです。

身体がゆるんだ時こそ、思考を変えるチャンス

身体がゆるみ、元気になれば次第に心も元気になります。その時こそ思考のクセを変えるチャンスだと私は考えています。少し心に余裕が持てるようになったら、ぜひ意識して欲しいことがあります。

①他人と比べないこと
②肯定的な言葉を口にすること
③自分を認めること

①の他人と比べないこと、これはネガティブな人ほど、他人と比べるクセがあります。「あの人は私より優れている」「この人は私より幸せそう」こういった感情は劣等感を抱きやすくなります。そして、何でも他人が良く見えたりします。

自分より良く見えるその人も、同じようにネガティブな思考を抱えていたりします。他人のことを気にするよりも、自分がどう成長したかにフォーカスした方が、よっぽど自分の自信につながります。

次に②の肯定的な言葉を口にすること。「つまらない」や「だめだ」「でも」は否定的な言葉ですよね。この否定的な言葉を常に使っていると、口癖のようになってしまいます。そして、このような言葉を使っていると、本当にそうなってしまうのです。否定的な言葉が浮かんだら、できるだけ肯定的な言葉に置き換えてみてください。

最後に③の自分を認めること、人の目を恐れて、何も行動できずに人生が終わってしまうよりも、私は大丈夫、できる！　と信じて行動することはとても大事です。

たとえ小さな成果でもそれを褒めて認めることが、成功体験につながり、自信になります。私たちの大先輩たちが、人生を終える時いちばんの後悔は挑戦しなかったことだと、教えてくれているのです。後悔の残らない人生を送るためにも挑戦する事が大切なのです。そのためにも、まずは自分を認めること、そして好きになることです。

ネガティブ思考の人とは付き合わない

さて、ネガティブ思考から卒業したければ、どうすればいいでしょう。効果的な方法は、ネガティブ思考の人とは極力付き合わないことです。

これは先にお話したように人にはミラーニューロンというモノマネ細胞があるからです。自分は大丈夫と思っていても、細胞レベルで影響されてしまうかもしれません。注意が必要です。

ネガティブな人とポジティブな人にはこんなに物事の捉え方に違いがあります。

例えば、ネガティブな人は、他人と比較するのに対し、ポジティブな人は、過去の自分と比較します。また、ネガティブな人は1回で100点を取ろうとするのに対し、ポジティブな人は、1点を100回取ろうとします。

その他にも「ネガティブ ⇳ ポジティブ」を比較すると……

結果だけを評価する ⇳ プロセスも評価する
複雑に考える ⇳ シンプルに考える
過去の失敗をほじくり返す癖 ⇳ 済んだことは考えない
私は運が悪いと思っている ⇳ 私は運がいいと思っている

失敗を人生の汚点と受け止める ⇕ 失敗を改善の材料として受け止める
考え方だけ改善して行動は変わらない ⇕ 考え方だけじゃなく行動も変える

ポジティブな人と出来るだけたくさんの時間を共有することで、次第にあなた自身の考え方も変化していきます。誰と時間を共有するのかが、とても大切です。今あなたの周りにいる5人は肯定的な人が多いですか？それとも否定的な人が多いですか？

あなたがこれからの人生を輝いた未来に変えたいと望むのなら、一度まわりの5人をチェックしてみて下さい。

第7章

BMTで自立した人生を送る女性たち

〜他にない付加価値が女性の自立と周囲の人の幸せのお手伝いに〜

写真は著者のサロン healspot HATI

サロン経営が安定した女性

彼女は現在、愛知県北名古屋市でバスト専門サロンを経営しています。自分と同じように小胸で悩む女性を救いたいという思いで活動を始められました。ＢＭＴを導入するまでは、レンタルサロンを借りて、バストに悩む女性へホームケアや下着の選び方、付け方などを、アドバイスしていました。ですが、思ったように結果が出せない事に悩み、相談を受けたことがきっかけで、バストに特化した技術「ＢＭＴバスト」の開発がはじまりました。

彼女は私のサロンへ長く通っていただけているお客様でもあったので、彼女自身がＢＭＴのファンでもありました。何とかこの技術を使って、お客様の思いに応えたい！　という彼女の熱意に押され、私もその期待に応えたいと思いました。

第３章でも少し触れていますが、バストアップにもやはり血流が、とても重要なポイントになります。だからこそＢＭＴはバストアップにもとても効果的なのです。全身の血流を上げてから、肋骨にアプローチをかけることで、これまで出せなかった結果をどんどん出すことができるようになり、彼女の元へ県外からもお客様が会いに来るようになったのです。彼女の元へたくさんのお客様が集まるようになり、半年後には、レンタルサロンを卒業して自分のサロンをもてるようになったのです。そして今年は更にサロンを移転、リニューアルされるそうです。

彼女の Amazon ランキング1位を獲得した著書
『小胸が育つバストの秘密』
小胸で悩む方、必見です！

サロンメニューが広がって上り調子に

彼女は元々、ネイルサロンとメンズエステサロンでお仕事を掛け持ちされていました。いつか独立して、自宅サロンが出来たらいいなという夢を持っていました。

自宅でネイルサロンの立ち上げを考えたのですが、現実ネイルメニューだけでは、なかなか立ち上げが難しい……と考えられていました。彼女もまた、私のサロンへ通ってくれるお客様でしたので、どんなサロンを作りたいのか、どんな働き方をしたいのかなど、色々なお話を聞かせていただきました。

サロンでケアを受けていくうちに、ガチガチだった彼女の身体がどんどん柔らかくなっていくのを実感されると、彼女が働いている、メンズサロンでの強揉みに疑問を抱かれるようになりました。そう思うのも、元々すごくお客様思いの彼女だからこそだと思います。

強揉みでは、お客様を改善することはできない！　お客様のためにも私が使っている手技を学びたい、と言ってくれたのです。同じ学校に通い彼女も美容整骨師となりました。そこにＢＭＴを導入し、現在、美容整骨師兼ボディケアセラピストとして活躍しています。

彼女の「ほわん」とした空気感と人柄に引かれ、多くのお客様がサロンへ通われるようになり、ＢＭＴ初のメンズ施術可能サロンとして頑張っています。私だけでは、男性にＢＭＴを知っていただくことは不可能でしたので、とても感謝しています。今ではネイルの売上の3倍をBMTで上げられるようになったと聞いて本当に嬉しくなりました。

現役看護師さんが同僚を救うために

彼女もまた、私のサロンへ10年以上通ってくださるお客様です。彼女は現役看護師さんで、精神的にも肉体的にも負担の多いお仕事をされているので、体のケアは必須です。身体のケアをしっかりされている彼女は、今も元気にお仕事が出来るだけでなく、年々綺麗になっているのです。

そんな彼女が職場の同僚から聞く悩みの中でいちばん印象に残った悩みは「子供ができない」という悩みだったのです。結婚後、妊活をしても子供を授からない、更には不妊治療を続けても妊娠につながらない……精神的にも身体的にも、金銭面でも負担が大きくなり治療を諦めたという同僚もいたそうで、そんな同僚を見ているうちに「なぜこんなにも看護師の自然妊娠、出生率は低いのだろう」と考えるようになったのです。

私のサロンでは第3章でもご紹介させていただいたとおり、嬉しいご報告をいただくことが多かったので、彼女と妊娠について、色々お話しすることが増えました。するど、彼女がBMTを使って回りの同僚を救いたい！　と言ってくれたのです。

そして、その結果、なんと同僚2人が立て続けに妊娠したのです！　報告をいただいたときは、飛び上がるほど嬉しかったのを今でも覚えています。

この経験をきっかけに、もっとたくさんの女性にBMTを知ってほしいと現在活動の輪を広げています。看護師の経験と知識を活かし、妊活で悩む女性のためにますます頑張る彼女の今後が楽しみです。

妊活中の女性のために書き下ろした彼女の著書
Amazon ランキング　産科・婦人科学部門　1位獲得
『子宮の若返り』

愛する人の守り手となった女性

彼女は私がいちばん長くお付き合いさせていただいているお客様です。アトピーで大変だった肌荒れを克服し、現在は健康と美容のために毎月メンテナンスを続けています。

いちばんの私の施術のファンでいてくれる彼女は、私がＢＭＴ技術スクールを立ち上げる時、大切な家族のために学びたいと言ってくれたのです。技術を習得してから、毎月実家へ戻り、大好きなお母様のために、身体のケアをされるようになりました。身体が楽になって喜んでくれることが本当に嬉しいと話してくれる彼女を見て、ＢＭＴスクールを立ち上げて本当に良かったと思いました。大切な人の健康を守ることが出来るのは本当に素敵だと思います。

これからも大切な家族が元気で健康でいてもらえるように施術していって欲しいなと思います。そんな彼女は現在、ＢＭＴスクールの事務局をしてくれています。

お客様だった彼女が今は私を支える存在になっています。まさかお客様だった彼女とお仕事をする日が来るなんて想像もしていませんでしたが、付き合いも長く、すでに身内のような存在だったので、こんなふうに一緒にお仕事ができることが本当に嬉しいです。

気が付けば自分にもお客様が!?

彼女も初めは、大切な家族のために技術を学びたいと言ってくれた一人です。技術を習得後は家族全員のケアを彼女がしています。小学生の娘さんもママがしてくれる施術が大好きだそうです。身体に触れることで、しっかりコミュニケーションもとれますし、良いことづくめですね。

家族のケアのお話をすると、お友達からもやって欲しいと言われるようになり、施術を受けたお友達がさらにお友達に話してくれるようになり、気付けば彼女にお客様ができていたのです。今もパートに出ながら、空いた時間で施術をされているのですが、施術のお客様がどんどん増えているので、もう少ししたら、パートを止めて施術１本に絞る予定です。まさか私が起業!? と今でも信じられないと言っています。スキルを身につけたことで、自分には何もないと思っていた彼女に、自分や子供のために使える自由なお金が増え、自由な時間も、あと数ヶ月で手に入りそうなのです。またひとつ彼女の夢が叶いそうです。

これまで彼女の人生に「起業」という選択肢はありませんでした。そんな彼女でも技術を習得し、スキルを身に付けることで、それが可能となるのです。自分や子供のために使える自由な時間とお金が欲しいと思いながらも、それを叶えられずにいる女性はたくさんいると思います。スキルを身に付けることができれば、彼女のようになることは誰でも可能なのです。

ＢＭＴで12年ぶりに現役復帰

彼女は私が独立前に働いていたサロンの後輩です。そのころから私を支えてくれたとても大切な存在です。当時から彼女の施術のファンは多く、スタッフへの技術指導をしていたこともあり、後輩からも慕われる存在でした。

技術に定評のあった彼女がエステティシャンを辞めてしまったことをとても残念に思っていました。私が独立するときも、いちばん手伝ってくれたのが彼女でした。いつか復帰して欲しい！　ずっとそう思っていました。

私が独立したころは、まだ自分ひとりで精一杯で、彼女を迎えることが出来ませんでした。月日がたち、彼女も結婚、出産をし、子育てが始まりました。息子さんがちょうど2歳になったころ、私のＢＭＴスクールが始まったのです。1期生の募集の時に、すぐ声をかけさせていただきました。元々技術が大好きだった彼女は、ぜひ技術を習得し、美容業界に復帰したいと考えるようになったのです。

スクールが始まると、12年もブランクがあったとは思えないほど、やはり技術習得が早く、生徒さんの中でも群を抜いていました。そして1期生・2期生・3期生と生徒さんが増えるにつれ、技術練習会などで私をサポートしてくれるようになりました。

そのころ私は、会社を立ち上げ、サロンのリニューアルも決まり、そろそろサロン専属の施術者が欲しいと思い始めていました。そして迷うことなく彼女に声をかけたのです。技術だけじゃなく、私の仕事のサポートをしてくれる彼女の存在があるからこそ、私は走ることができます。12年かかってしまいましたが、また彼女と一緒に仕事が出来ることが嬉しくて仕方がないのです。12年前と同じ美容業界で、また一緒に走れることが楽しみでなりません。近い未来に、ＢＭＴスクールの技術講師の中心となって、活躍していってくれることを期待しています。

おわりに

最後まで読んでいただき、ありがとうございました。

この本は、きれいになるために努力をしてきたのに、なかなか結果が出せなかった方に向けて書きました。

私は、これまでに何人もの女性が悩み、挫折しているのを見てきました。しかし、結果が出せなかったのは、決してあなたのせいではありません。

きれいになるためには、まず

『身体の土台を整えること』


これこそがいちばん大切であるということを、一人でも多くの女性に知っていただきたいと願っています。

私がこれまで、技術を磨き、進化し続けてこられたのは、結婚・出産をしてママになっても、ずっとサロンに通ってくださるお客様がいてくれたからです。

長く通ってくださるお客様の期待に応えたい
エステの効果を最大限に引き出せる技術が欲しい
もっとお客様の笑顔が見たい

そんな私の思いから進化し出来上がった技術が、ＢＭＴなのです。エステティシャンの枠を越え、治療家の先生の下で技術を学び美容に特化した技術を作り上げることができました。いちエステティシャンの私に快く理論と技術を学ばせてくださった先生方に心から感謝いたします。

お客様のためにという私の思いから出来上がったＢＭＴが、現在はスクールになり、スクール生さんの先で、またお客様の笑顔が生まれていることが大変嬉しくてなりません。ＢＭＴを通して、今後もさらにたくさんの女性の笑顔が広がっていくことを心から願っています。

本書の出版に際し、たくさんの方に大変お世話になりました。

また、いつも私を支えてくれている先生、パートナー、スタッフ、家族、友人に、この場を借りて御礼を申し上げます。そして、私のスクールに参加してくれた生徒さん、いつも応援してくれるＨＡＴＩのお客様にも心からの感謝を申し上げます。

本書が、きれいになるための、あなたの道しるべになることを心から願っています。

２０１９年８月　小島千明

小島千明（Chiaki Kojima）

1974年10月31日愛知県生まれ。

エステ歴25年、一般社団法人日本エステティック業協会（ＡＥＡ）最上位資格であるＡＥＡインターナショナルエステティシャン。これまでニキビ・アトピー・敏感肌で悩まれているお客様、延べ３万人以上の女性のお肌の改善に力を注ぐ。綺麗になったお客様から生まれる次なる願望を叶えるために骨格からアプローチできる美容整骨師となる。さらになかなか結果の出ないお客様のために日々追求し、エステの枠を越えて治療家の下で知識と技術を学ぶ。

そして骨格のプロ美容整骨師が開発する筋肉に特化したオリジナル技術『ＢＭＴ』が誕生。

もともとエステサロンオーナーやネイルサロンオーナーなど同業のファンも多かったことから、現在はＢＭＴスクールを開校し、エステティシャンの育成・技術指導にも取り組んでいる。

Large HP
https://large-bmt.com/
HP はこちら→

サロン『HATI』インスタ
https://www.instagram.com/healspot_hati
インスタはこちら→

BMT　最上《さいじょう》のゆるふわ筋肉《きんにく》

2019年8月26日　初版第1刷
2019年9月27日　初版第2刷

著者：小島千明《こじまちあき》

発行人：松崎義行
発行：みらいパブリッシング
〒166-0003 東京都杉並区高円寺南4-26-12 福丸ビル6F
TEL：03-5913-8611　FAX：03-5913-8011
企画協力：インプルーブ　小山睦男
編集：小根山友紀子
本文イラスト：門川洋子
カバー写真：吉兼直哉
ブックデザイン：堀川さゆり
発売：星雲社
〒112-0005 東京都文京区水道1-3-30
TEL：03-3868-3275　FAX：03-3868-6588
印刷・製本　株式会社上野印刷所

ISBN978-4-434-26464-1 C0077